Die Entsäuerung des Körpers in 10 Schritten

Der ultimative Jungbrunnen und Schlankmacher

Das Säure-Basen-Gleichgewicht

Anleitung zur Ausschwemmung krankmachender Säuren

von
Patrizia Pfister

Weitere Bücher der Autorin:
Die Entsäuerung des Körpers, Teil 1. - Theoretische Grundlagen und Praxis
von Patrizia Pfister, Bohmeier Verlag 2002

ISBN 3-89094-393-4

Die Entsäuerung des Körpers in 10 Schritten

Der ultimative Jungbrunnen und Schlankmacher

Das Säure-Basen-Gleichgewicht

Anleitung zur Ausschwemmung krankmachender Säuren

von

Patrizia Pfister

Inhaltverzeichnis

1. Übersäuerung, was ist das?

Immer mehr Menschen erkennen, dass ihre „Zipperleins“, Altersbeschwerden, aber auch schwere Krankheiten auf eine Übersäuerung (Azidose) des Körpers zurückzuführen sind. Praktisch jede Krankheit geht mit einer Übersäuerung einher. Das ist sogar wissenschaftlich erwiesen. Auch in Fachkreisen macht sich daher langsam die Erkenntnis breit, dass wir „nur“ die überschüssigen Säuren (es gibt auch notwendige) aus dem Körper schwemmen müssen, um nicht nur chronische Leiden beseitigen zu können.

„Übersäuerung ist nichts anderes als ein Überfluss an Wasserstoffionen (H+) im System, die den Sauerstoff aufbrauchen, indem sie sich mit ihm zu Wasser verbinden.“[1] Dabei wird der Sauerstoff (Wasser = H_2O) verbraucht, der eigentlich für andere Dinge benötigt wird. Nach Dr. Levine ist Hypoxie oder Sauerstoffmangel eine wesentliche Ursache für alle chronisch-degenerativen Krankheiten.“[2] Diese Hypoxie ist wiederum eben auf die Säuren zurückzuführen.

Die älteren unter den Lesern haben sicher schon einmal das Gefühl kennen gelernt, wenn sich Wasser in den Gelenken oder im Gewebe ansammelt. Die Gelenke fühlen sich dann dick an und sind es auch. Ein merkwürdiges und auch schmerzhaftes Gefühl. Die Ursache sind mit Wasser verdünnte Säuren und können nur dann abtransportiert werden, wenn dem Körper genügend Mineralien und Spurenelemente zugeführt werden, die die Säuren zu Salzen (Schlacken) binden. Um das Wasser und die darin gelösten Salze wieder loszuwerden, benötigt der Körper wiederum Sauerstoff! Da ständig neue Säuren nachfolgen, kommt es aber zu keinem Abtransport und die Salze (und auch das Wasser!) werden eingelagert. Degenerative Krankheiten und Übergewicht sind die Folge.

Den Sauerstoffmangel zu beheben, ist relativ einfach. Begeben Sie sich auch mal an die frische Luft und zwar mindestens 20 bis 60 Minuten am Tag. Mal ganz ehrlich: Sind Sie jeden Tag am Stück so lange draußen? Die meisten wohl nicht. Dadurch verlieren wir den Kontakt zur Natur und wohin das führt, können wir an der heutigen Gesellschaftsform deutlich sehen. Mit Hilfe der Sonne wird das sehr wichtige Vitamin D gebildet. Eines der wenigen, die wir nicht von außen zuführen müssen.

Dr. Cousens nennt in seinem Buch *Ganzheitliche Ernährung und ihre spirituelle Dimension* den Sauerstoff das „Vitamin O“. Würde man eine Rangfolge der wichtigsten Vitamine aufstellen, rangierte „Vitamin O“ noch vor dem so viele Aufgaben erfüllenden Vitamin C. Etwa 90% der vom Körper verwerteten Energien stammen vom Sauerstoff, der über die Lungen und über die Haut (!) aufgenommen wird. Spätestens seit dem James Bond-Film „Goldfinger“ wurde mir bewusst, dass die Haut sogar so viel Sauerstoff aufnimmt, dass der Mensch erstickt, wenn man die Haut mit einer Farbe (in diesem Fall Gold) überzieht, so dass die Poren verstopft sind.

Bevor Sie mit den eigentlichen Schritten dieser Anleitung anfangen, gehen Sie also raus in die Natur, sprechen Sie mit den Bäumen! Erweisen Sie ihnen Ihren Respekt. Es mag sich verrückt anhören, doch umarmen Sie einfach mal einen Baum Ihrer Wahl und schicken ihm Ihre Liebe entgegen. Sie werden überrascht sein, wie bereitwillig er Ihnen wiederum Energie zurücksenden wird. Und vielleicht eröffnet das Elementarwesen in ihm ja eine völlig neue Sichtweise, indem es sich Ihnen zeigt.

Ich beschäftige mich erst seit kurzem mit spirituellen und esoterischen Dingen, und meinen Mann interessiert das gar nicht.. Ich führte ihn und meine Söhne zu einem besonderen Baum. Wir umringten diesen und berührten ihn. Ich stellte in Gedanken meine Familie vor. Mein Mann schilderte mir später, was er dabei erlebte: Zuerst hatte er das Gefühl, als möge ihn der Baum nicht. Er sah im Geiste so etwas wie Rauchschwaden auf sich zukommen, die ihn erdrücken wollten, doch dann änderte sich das Gefühl und er wurde willkommen geheißen. Ich war sehr überrascht über diese seine Erfahrung und zugegebenermaßen etwas neidisch. Mir hatte sich noch kein Baum, bzw. das Wesen darin, in dieser Form gezeigt. Ich weiß von solchen Wesen nur aus Büchern. Wären wir alle wieder mehr mit der Natur verbunden (wie es für unsere Vorfahren selbstverständlich war), würden wir eine völlig andere Welt sehen und dann auch kreieren, als die, in der wir leben. Wir alle tragen die Verantwortung für die Welt wie sie heute aussieht und auch wie sie morgen aussehen wird. Das gilt aber nicht nur im Großen.

Eines müssen Sie sich von Vorneherein klar machen: Sie tragen auch die Verantwortung für Ihren Körper und erst Recht für Ihren Geist. Diese Verantwortung ist nicht übertragbar, auch wenn viele Menschen aus Bequemlichkeit (oder weil es ihnen eingeredet wird) glauben, es wäre so. Wir geben unsere Verantwortung und damit unsere Macht (hauptsächlich aus Angst) ab, und das nicht nur in Hinsicht auf unseren Körper, sondern auch was unseren Geist und unsere Seele betrifft.

Übernehmen Sie wieder die Verantwortung für Ihren Körper, indem Sie ihn als einen „Tempel Gottes“ ehren und behandeln, dann werden Sie auch mit einem freien Geist und einem gesunden Körper belohnt.

Sie können den Anfang damit machen, dass Sie die Gifte (richten direkt und aktiv Schaden an), Säuren (noch ungebundene Abfallstoffe der Verstoffwechselung) und Schlacken (mit Mineralien zu Salzen gebundene Säuren) aus dem Körper schwemmen. Verschlacktes Gewebe kann seiner eigentlichen Aufgabe, nämlich die Zellen zu ver- und entsorgen, nicht mehr nachkommen. Das System wird noch saurer. Wird eine Zelle ständig von ihren Abfällen befreit, so kann sie unbegrenzt leben. Das haben wissenschaftliche Versuche gezeigt. Das könnte auch für unseren Körper gelten, wenn wir ein paar Regeln beachten.

Eine Reinigung des Körpers von Abfallstoffen bedeutet nicht mehr und nicht weniger als eine Lebensverlängerung um viele Jahre.

Das ist schon einige Mühe wert, oder? Wäre es nicht phantastisch, wenn Sie die Zeit gewinnen, die Sie brauchen, um all das zu tun, was Sie sich in Ihrem Leben vorgenommen und aus Alters- oder Krankheitsgründen nicht mehr geschafft haben? Ich höre immer wieder das Argument: „Ich möchte gar nicht alt werden.“ Das stimmt so nicht. Jeder möchte so alt wie möglich werden, aber weder alt aussehen noch krank dabei sein. Und das ist tatsächlich möglich!

Warum werden die „Abfälle" nun nicht in ausreichendem Maße entsorgt? Der Grund liegt in einem chronischen Mineralien-, Vitamin- und Sauerstoffmangel, und das in einer Zeit der überquellenden Regale in den Supermärkten. Wenn man diesen Mangel behebt, so erledigen sich die allermeisten Probleme von selbst und wir können einem mit Lebensfreude erfülltem, weil krankheitsfreiem, Alter entgegen blicken. Ruediger Dahlke stellt in seine Werk *Wege der Reinigung* fest: „Eigentlich könnten wir auf Grund der genetischen Ausstattung unsere Zellen 130 bis 140 Jahre alt werden."[3] Das sind noch mal 20 Jahre mehr, als ich in *Entsäuerung, der ultimative Jungbrunnen und Schlankmacher* versprach.
Sie können allerdings nicht erwarten, dass Sie eine Wunderpille schlucken und dann „schwuppdiwupp" gesund sind. Das gibt es nach wie vor nicht und wird es wohl auch nie geben. Es hat Jahrzehnte gedauert den Körper so herunterzuwirtschaften, und das kann nicht im Handumdrehen wieder umgekehrt werden.
Gesund zu werden ist harte Arbeit und erfordert viel Geduld, doch werden Sie, wenn Sie den Empfehlungen dieses Buches folgen, die ersten Wehwehchen und Beschwerden schon nach wenigen Wochen loswerden. Das wird Sie anspornen weiterzumachen und die Belohnung dafür wird ein viel besseres Lebensgefühl sein. Sie werden auch staunen, wie klar Ihr Geist auf einmal wird, da er nicht mehr von Abfällen getrübt wird, die gar nicht in den Körper gehören. Ja, auch die geistige Umnebelung hat mit der Versäuerung zu tun, denn die Säuren sind (natürlich) auch im Gehirn.
Woran erkennt man eine Übersäuerung, wenn man nicht die Zipperlein, Beschwerden und Krankheiten dafür heranziehen will oder kann? Ganz einfach: Es juckt Sie immer wieder, ohne dass Sie dafür einen Grund erkennen können. Vor allem an den Schienbeinen und den Fußsohlen aber auch ein Pieksen an den Fingern ist ein deutliches Zeichen, das Sie nicht missachten sollten! Es sind dies die zu Salzen gebundenen Säuren, die unbedingt einen Weg nach draußen suchen. Geht es nicht mehr über die Nieren, dann versucht der Organismus es eben über die Haut, weil sie eine Art Hilfsniere darstellt, und das kann man sich zunutze machen, wie Sie noch sehen werden. Die meisten Hautprobleme kann man auf die Übersäuerung zurückführen.

2. Hyperaktivität und Neurodermitis

Um es mal umgangssprachlich auszudrücken: Warum zum Geier sind wir heutzutage nur so mit Abfallstoffen belastet? Obwohl ich das schon andernorts ausführte, muss es noch einmal in aller Deutlichkeit gesagt werden: Schuld an den vielen Krankheiten heutzutage sind unsere Lebensumstände und letztlich die vollen Regale, auch wenn sich das unwahrscheinlich anhört. Menschen wie das Volk der Hunzas aus Westpakistan, die ein karges Dasein in luftiger Höhe führen, bekommen zeitlebens kaum genug zu essen. Dieser ständige Mangel führt erstaunlicher Weise zu einem Alter weit über 100 Jahre. Das hat man auch schon bei anderen Völkern festgestellt. Die ständig prall gefüllten Bäuche sind gar nicht gesund! Leider hält auch bei diesem einfachen Volk der Hunzas nun die moderne Lebensweise Einzug und schon sinkt das durchschnittliche Alter dieser Leute. Übrigens wird der hohe Anteil an Aprikosen in ihrer Nahrung als ein Grund für die hohe Lebenserwartung angeführt.

Nur ein Beispiel der gut gefüllten Regale mit Nebenwirkungen: Da ich morgens oft nur Obst esse, biss ich vor kurzem genüsslich in einen Apfel, in der Annahme, etwas Gutes für meinen Körper zu tun. Da ich durch meine frühere Übersäuerung und spätere Entsäuerung sehr empfindsam geworden bin, kann ich giftige Substanzen sofort spüren. Das äußert sich darin, dass meine Haut sofort an irgendeiner Stelle zu jucken anfängt. Vornehmlich am Kopf, weil sich der Organismus dort aus den Depots des Haarbodens die Mineralien zum Neutralisieren der erkannten Gifte holt. Diese Empfindlichkeit ist sowohl ein Segen als auch ein Fluch. Je nach Standpunkt. Jedenfalls war ich völlig entsetzt, als ich feststellte, dass beim ersten Bissen in diesen Apfel mein Körper sofort wie beschrieben reagierte. Ich hatte noch keine Mineralien an diesem Morgen eingenommen, sonst hätte ich es vermutlich gar nicht bemerkt. Und da ich ja tagsüber meist genug Mineralien im Körper habe, bemerkte ich dies nicht früher. Welche Gifte darin waren, weiß ich nicht. Aber wenn wir uns nur einmal vor Augen führen, dass unsere Lebensmittel (bis zu 25 mal!) gespritzt, bestrahlt, künstlich gereift und gentechnisch manipuliert werden, haben wir schon die Antwort, warum der Gehalt an Vitalstoffen (=Mineralien, Spurenelemente und Vitamine) ständig sinkt und gleichzeitig der Giftstoffpegel steigt.

Mit dieser Nahrung in unseren Regalen können wir nur krank werden.

Die gleiche Reaktion zeigt mein Körper übrigens bei allen Fleisch- und Wurstsorten, bei allen Milchprodukten, bei allem, was gesüßt ist und bei Eiern.

Diese Giftstoffe, haben sich nun schon über Jahrzehnte angesammelt und abgelagert (Rheuma, Gicht, Arthrose!) und meist haben wir den Müll der Eltern auch noch im Körper, da die ungesunde Lebensweise nun schon mehrere Generationen andauert. Wie ist das möglich? Der Grund liegt darin, dass die Frau eine Entgiftungsmöglichkeit über die Monatsblutung hat. Der Körper schickt aber die Säuren auch dann noch in die Plazenta, wenn die Frau schwanger oder schon „jenseits von gut und böse“ ist. Die Folgen sind immer mehr bereits übersäuert zur Welt kommende Kinder, die sich dann mit Neurodermitis, Hyperaktivität und vielen anderen Krankheiten herumschlagen müssen. Auch der Rückgang der Geburten in Deutschland ist zumindest zum Teil darauf zurückzuführen.

Hat die Frau keine Regel mehr, ergibt sich ein Stau der Säuren im Unterleib. Hierin liegt auch ein Grund der vielen Unterleibserkrankungen jenseits der Menopause.
Die Frau ist nach einer Geburt erst einmal von den gröbsten Säuren befreit, denn sie hat sie ja unwissentlich dem Kind mitgegeben. Sie wird daher nicht so schnell krank wie der Mann, zumal sie ja ohnehin eine zusätzliche Entgiftungsmöglichkeit über die Monatsblutung hat.

Neurodermitis nun ist eine völlig verzweifelte Notmaßnahme des Organismus die Säuren, welche die Eltern dem Kind unwissentlich mitgegeben haben, wieder über die Haut, die eine Art Hilfsniere darstellt, loszuwerden. Ob man Neurodermitis völlig heilen kann, indem man die Säuren ausschwemmt, weiß ich nicht. Hier liegen mir noch keine Erfahrungsberichte vor. Ich weiß aber, dass meine Hautqualität sich immens gebessert hat, seit ich die Säuren losgeworden bin. Da die hier vorgestellten Maßnahmen über die Haut funktionieren, werden Menschen, die an Neurodermitis leiden, wohl erst einmal eine Verschlimmerung des Leidens (die so genannte Erstverschlimmerung) feststellen, da ja der Körper sich bereits Bereiche der Haut gesucht hat, über die er Säuren los wird. Warum juckt es so entsetzlich? Weil durch die winzigen Hautporen Säurekristalle hinaus gepresst werden und das in großer Anzahl. Das Wort Säure ist keine Wortspielerei. Hier werden wirklich Salzsäure und andere Säuren über die Haut ausgeschieden, und wenn das permanent geschieht, wie bei Neurodermitis, kann die Haut nur Schäden davontragen.
Übersäuerung ist allerdings nur eine Ursache bei Neurodermitis. Eine weitere ist so gut wie unbekannt und doch so wichtig, nämlich der Wassermangel. Der Körper benötigt 30ml Wasser pro kg Körpergewicht. Und damit ist wirklich Wasser gemeint und keine anderen Getränke. Ohne genügend Wasser können die angesammelten Gifte nicht ausgeleitet werden. Trinkt schon die Mutter zu wenig Wasser, wirkt sich das auch auf einen Säugling in der Schwangerschaft aus. Die die Haut schützende „Käseschmiere" ist dadurch oft zerstört und die im Fruchtwasser schwimmenden Gifte schädigen deshalb besonders die Haut (Neurodermitis) des Kindes.
Die Schadstoffbelastung hört ja leider nach der Geburt nicht auf (in den herkömmlichen Waschmitteln und Körperpflegemitteln finden sich Schwermetalle, Enzyme, Chemikalien, Farb- und Reizstoffe aller Arten), sondern nimmt eher noch zu, und so nimmt das Verhängnis seinen Lauf.
Als mich Frau Silke W. anrief und sich nach meinem ersten Buch erkundigte, meinte sie schon von sich aus, dass sie wohl völlig übersäuert sei, denn sie kämpfe mit Haarausfall, weißen Stellen auf den Fingernägeln usw. Ich war nicht überrascht, als sie voller Sorge mitteilte, dass ihr acht Monate alter Säugling Anzeichen von Neurodermitis hätte. Ich riet ihr in die Babynahrung, ,zusätzlich Mineralien zu mischen. Alle anderen Maßnahmen werden warten müssen, bis das Kind etwas größer ist. Aber das allein müsste - konsequent durchgeführt - zu einer wesentlichen Besserung führen.

Der angeblich genetische Defekt, der die Neurodermitis verursachen soll, ist also mehr eine lahme Ausrede und zeigt eigentlich die Hilflosigkeit unseres Gesundheitssystems gegenüber solchen Krankheiten. Übrigens sollten gerade Leute mit Neurodermitis die vorgefertigten Nahrungsmittel meiden wie die Pest, denn sie verschlimmern das Problem sehr stark, da sie allesamt säurebildend wirken! Sicher gibt es genetische Defekte, daran ist

nicht zu rütteln. Ob sie aber wirklich eine Auswirkung auf unser Leben haben, liegt ganz allein an unserer Lebensweise.
Möchten Sie nun daran gehen, den Körper Ihres Sprösslings (oder Ihren eigenen) von Neurodermitis zu befreien, so sollten Sie zusätzlich zur normalen ärztlichen Behandlung eine Entsäuerungstherapie durchführen. Ich empfehle Ihnen daher nicht unbedingt die Bäder (weil die Haut schon angegriffen ist), sondern eher die Salzsocken, wie weiter unten beschrieben. Aber wundern Sie sich nicht, wenn auch die bereits geschädigten Hautstellen wieder jucken, denn hier hat sich der Körper eben schon daran gewöhnt, zu entsäuern. Wie gesagt, wird es wohl erst schlimmer werden, bis die Säurespitzen im Körper abgebaut sind, und erst danach wird eine Verbesserung zu beobachten sein. Wie lange das dauert, ist vom Grad der Übersäuerung abhängig und auch von Ihrer Konsequenz. Wie oft Sie die Salzsocken anziehen müssen und auch wie lange, müssen Sie einfach ausprobieren. Ist die Reaktion auf die Salzsocken sehr heftig (Jucken), dann lassen Sie sie nur für einige Stunden an den Füßen. Gehen Sie das Ganze dann langsamer an. An der heftigen Reaktion sehen Sie aber andererseits, dass sich wirklich etwas tut und dass sich langfristig gesehen eine erhebliche Besserung, wenn nicht sogar völlige Heilung erreichen lässt. Hier gibt allein der Zustand Ihres Körpers das Maß an. Jeder Körper ist anders und Verallgemeinerungen nicht sehr hilfreich.

Mit **Hyperaktivität** (bzw. ADS) habe ich direkte Erfahrungen, da mein jüngster Sohn davon betroffen ist. Ich weiß daher sehr gut, wie verzweifelt manche Eltern in solch einer Situation sein können, weil das Verhalten ihres Sprösslings wahnsinnig nervenaufreibend ist.
Da ich persönlich so viele Beschwerden durch meine Entsäuerung losgeworden bin, wollte ich natürlich meine Familie ebenfalls „bearbeiten“. Hätte ich gewusst, dass ich nur einige Wochen vor den Schwangerschaften eine Entschlackungskur hätte machen müssen, so hätte ich mir viel Kummer erspart. In Indien führen dies Paare regelmäßig durch. Die dortige ayurvedische Medizin arbeitet schon Jahrtausende mit der Entsäuerung um Krankheiten loszuwerden.
Ich gab nun meinen beiden Kindern jeden Tag morgens, mittags und abends einen Löffel Basica (Mineralienmischung), aufgelöst in stillem Wasser, kombiniert mit einer oder sogar zwei Brausetabletten Vitamin C. Mineralien können nur an Ort und Stelle transportiert werden, wenn Sie Vitamine als Transportmedium im Blut vorfinden.
Zusätzlich erhielten die Kinder jeden Abend einen Obstteller und auch morgens manchmal als Frühstück. Alle Getränke mit Kohlensäure oder Koffein gibt es nur noch bei besonderen Gelegenheiten. Wenn man auf einem Fest ist oder Ähnliches. Ansonsten trinken wir alle praktisch nur noch Quellwasser, das wir selbst holen. Für diese Mühe werden wir allerdings reichlich belohnt. Ganz abgesehen davon, dass das auch noch billiger ist.

Ich koche in der Regel nur noch basenbildende Mahlzeiten, also nur selten Fisch oder Fleisch! Und auch den Süßigkeitenkonsum haben wir stark zurückgefahren. Aber ganz abhalten können wir uns alle nicht davon, das ist in unserer Gesellschaft fast unmöglich. Hinzu kommt auch noch, dass der Zucker wohl auch noch süchtig macht. Ich habe selbst noch immer mit diesem Problem zu kämpfen.

Außerdem gingen beide Kinder regelmäßig mit Salzsocken ins Bett (Beschreibung siehe Schritt 5).

Nach etwa einem halben Jahr (ich weiß, es ist relativ lange, aber es funktioniert!) stellten wir fest, dass die Hyperaktivität unseres jüngeren Sohnes auf diese Weise erheblich reduzieren wurde, sodass wir alle ein viel friedlicheres Familienleben haben als früher. Außerdem kann sich nun seine Intelligenz, und die haben die meisten ADS-Kinder vorzuweisen, auch wenn sie sie meist wegen ihres Verhaltens kaum zeigen können, endlich entfalten. Immer wieder verblüfft er mit einer ungewöhnlichen Kombinationsgabe.

Warum funktioniert das nun? Ich bin keine Wissenschaftlerin, sondern zeige hier einfach in der Praxis erprobte Wege auf. Die Säuren im Körper befinden sich ja auch im Gehirn, und wenn sie nach und nach gebunden und ausgeschwemmt werden, so wird auch das Gehirn frei davon. Hyperaktivität ist anscheinend eine Fehlfunktion des Gehirns über deren Ursache keineswegs Einigkeit herrscht. Von der Schizophrenie weiß man inzwischen allerdings, dass sie mit Mineral- und Vitaminmangelzuständen zusammenhängt. Schwemmt man nun einerseits die Säuren hinaus und erhöht gleichzeitig den Vitalstoffpegel, so tut sich in jedem Gehirn etwas - nicht nur in dem von hyperaktiven Kindern. Der Geist wird frei, und somit normalisiert sich auch das Verhalten. Wie gesagt, das gilt für alle übersäuerten Menschen. Ich will nicht behaupten, dass mein Jüngster nicht nach wie vor schwieriger ist als der Ältere, aber es hat sich alles auf ein handhabbares und damit erträgliches Maß reduziert.
Übrigens versäuert jedes Medikament ebenfalls. Wenn nun Ritalin gegeben wird, bekämpft man wieder nur Symptome und nicht Ursachen und versäuert das Gehirn und den ganzen Körper noch zusätzlich.
Ritalin kann man wohl nicht sofort weglassen, aber Sie werden feststellen, dass Sie die Dosis mit der Zeit verringern können und irgendwann braucht das Kind es gar nicht mehr. Hier müssen Sie einfach beobachten und selbst entscheiden. Da wir nie Ritalin gaben, habe ich hier keine Erfahrungswerte. Insgesamt können Sie aber den unten aufgeführten Weg zur Entsäuerung mit Ihrem Kind gehen, und wenn Sie all die Maßnahmen ergreifen, die hier und weiter unten noch aufgeführt sind, probieren Sie nach ca. vier Wochen das Ritalin wegzulassen und beobachten, was dann geschieht.
Haben Sie ein hyperaktives Kind, haben Sie selbst schon einige Beschwerden, Übergewicht oder sogar Krankheiten. Dann wäre es ohnehin sinnvoll eine Entsäuerung der ganzen Familie vorzunehmen. Sie alle werden eine erhebliche Besserung der Lebensumstände verzeichnen können. Allerdings geht das dann doch etwas ins Geld, aber es lohnt sich wirklich!

Einen Punkt möchte ich noch ansprechen, der sich in den letzten 10 Jahren herauskristallisiert hat: Nicht alle hyperaktiven Kinder sind krank! Vermutlich sogar die wenigsten davon. Sie könnten so etwas wie einen evolutionären Schritt der Menschheit darstellen, denn sie haben oft ganz besondere (mediale) Fähigkeiten. Sie werden Indigo-Kinder genannt,

weil die Farben ihrer Aura diesem Blau entsprechen. Sie wissen meist ganz genau wer sie sind und was sie einmal machen wollen.
Als mein Jüngster in diesem Jahr (2003) Zur Kommunion ging (das Thema war: Jesus - ein Leuchtturm Gottes) fragte der Pfarrer im Laufe seiner Predigt die Kinder: „Und wer glaubt ihr, ist das Licht Gottes auf Erden?" Er erwartete natürlich, wie wohl die meisten Anwesenden auch, dass die Kinder sagen würden: „Jesus". Aber nein, mein Sohn antwortete selbstbewusst: „Ich". Der Pfarrer wollte darauf hinaus, dass Jesus durch sein Leben vorgelebt hat ein Licht und Vorbild für andere zu sein und das jeder dies tun kann, jeder also ein Licht für andere darstellen kann. Indigokinder wissen dies bereits. Ihnen muss man dies nicht erst sagen. Sie sind Lichter Gottes, ein Geschenk des Himmels und mit entsprechendem Respekt sollte man sie behandeln. Das heißt nicht, ihnen alles durchgehen zu lassen, oh nein. Sie brauchen Grenzen -genau wie andere Kinder auch. Respekt und Liebe erwarten sie wenn sie auf die Welt kommen und den verdienen sie auch. Sie sind unsere Zukunft, denn 90% der seit 1987 geborenen Kinder sind „blaue" Kinder.
Der Umgang mit ihnen bleibt schwierig, auch wenn sie mit Mineralien versorgt werden. Das Buch *Die Indigo-Kinde- Eltern aufgepasst, die Kinder von morgen sind da* von Lee Caroll und Jan Tober bietet viele Informationen zu diesem Thema und vor allem auch praktische Hinweise über den Umgang mit diesen Kindern, die ein gewaltiges Potenzial in sich tragen. Ein Potenzial, das unsere Welt für immer verändern kann.
In diesem Buch sind auch die Charakteristika der vier Indigo-Gruppen aufgeführt, so dass man rasch entscheiden kann, ob das eigene Kind dazugehört oder nicht.
Auszug aus dem Klappentext dieses Buches:

- Kann es wirklich sein, dass wir an unseren Kindern heute einen nächsten Schritt in der Menschheitsevolution beobachten?
- Sind diese Kinder intelligenter als wir in ihrem Alter?
- Wie kommt es, dass so viele unserer heutigen Kinder das System zu sprechen scheinen?
- Warum wird bei so vielen unserer hellsten Kinder die Diagnose „Aufmerksamkeitsstörung (ADD oder ADS) gestellt?
- Gibt es erwiesenermaßen wirksame Alternativen zu Ritalin?

In diesem Buch wird auch eine blau-grüne Alge aus Kanada erwähnt, die gute Wirkungen bei diesen Kindern erzielte. Bezugsadresse: www.megavitalshop.de.

3. Cellulite

Allein das Wort Cellulite ist für viele Frauen wie ein rotes Tuch, macht es doch auf ein Problem aufmerksam, mit dem sich schon jede zweite herumschlagen muss. Die so genannte Orangenhaut verleidet vielen Frauen das Tragen von Röcken, denn die unschöne Hautveränderung spannt sich über pralle Oberschenkel. Warum nur haben auch sehr sportliche Frauen, die ansonsten eine Traumfigur aufweisen, Cellulite? Auch hier lautet die Antwort: Versäuerung. 90 % der Deutschen sind übersäuert, und das zeigt sich eben auch so.
Gerade Sport treibende Frauen trifft dies besonders, denn durch den Sport wird Milchsäure produziert, die durch Mineralien neutralisiert wird. Werden dem Körper zu wenige Mineralien wieder zugeführt (und unsere Nahrung reicht dazu längst nicht mehr aus), so holt sich auch hier der Organismus die Mineralien aus den eigenen Depots.
Schlacken, also neutralisierte Säuren, die der Körper nicht entsorgen kann, weil die Nieren längst überfordert sind, müssen irgendwo gelagert werden. Unglücklicherweise wird das bei Frauen im Bauch und in den Oberschenkeln erledigt.

Cellulite ist nichts anderes als der Abfallhaufen des weiblichen Körpers.

Obwohl die Frauen ja eine Entsäuerungsmöglichkeit haben, reicht diese heute nicht mehr aus. Haben Sie sich schon gewundert, warum Ihre Regel so lange dauert? Der Organismus versucht in diesen Tagen so viele Abfälle wie möglich loszuwerden. Frauen in so genannten Entwicklungsländern haben nur Monatstropfen, solange sie sich noch auf natürliche Weise und nicht durch Supermärkte ernähren.
Laut Ruediger Dahlke ist die wichtigste lymphatische Zone bei der Entgiftung und Entschlackung die Dickdarmzone an den *Außenseiten der Oberschenkel.* Machen Sie doch einmal folgenden Test:
„Dazu legen Sie sich hin, stellen die Beine angewinkelt auf und massieren mit den Fäusten vom Knie außen beginnend kreisförmig die Oberschenkelaußenseite entlang bis zum Beinansatz. Je verschlackter man ist, desto schmerzhafter ist diese Massage. Auf halber Schenkelhöhe liegt übrigens ein Gallenpunkt, der bei dieser Technik auch gleich mit behandelt wird. Um dem Dünndarm Gutes zu tun, bearbeitet man die Oberschenkelinnenseite auf die gleiche Weise (Fäuste machen, kreisförmig entlang massieren).“[4]
Wie stark waren die Schmerzen bei dieser Massage? Wenn Sie nichts gespürt haben, haben Sie auch keine Cellulite. Diese „Behandlung“ sollten Sie zusätzlich zu den unten vorgestellten 10 Schritten mehrmals am Tage durchführen. Sie regt die Drainage, also das „Abfallbeseitungssystem“ des Körpers an. Haben Sie nun genügend Mineralien im Blut, wird diese Massage dazu führen, dass die Oberschenkel und mit großer Wahrscheinlichkeit auch andere Körperstellen anfangen zu jucken, da die Säuren über das Blut transportiert und über die Haut ausgeschieden werden. Auch hier ist das kein Grund zur Beunruhigung, sondern im Gegenteil das Zeichen, dass Abfall beseitigt, also zu Salzkristallen gebundene Säuren aus dem Körper entfernt werden und somit keinen Schaden mehr anrichten können.

Nun gibt es zahllose Cremes, welche die Cellulite bekämpfen sollen. Ob die, die Sie gerade haben etwas taugt, lässt sich leicht feststellen. Tauchen Sie einen der Teststreifen mit denen man den pH-Wert messen kann (siehe Schritt 2) in die Creme. Wird der Streifen dunkelgrün bis blau, so ist die Creme basisch und kann sinnvoll bei der Entsäuerung eingesetzt werden, nämlich um die Massage zu erleichtern. Die Creme zieht dann die Säuren direkt aus dem Körper. Kommt jedoch ein saurer Wert heraus, so schmeißen Sie sie weg, denn alle sauren Körperpflegemittel haben eines gemeinsam: Sie unterdrücken die natürliche Aufgabe der Haut Säuren auszuscheiden und jagen die Säuren sogar wieder in den Körper zurück. Auf diese Weise verlernt die Haut zu entsäuern und die Schlackendepots werden immer größer. Diesen Test können Sie mit allen Körperpflegemitteln machen. Sie werden feststellen, dass kaum ein basisches darunter ist. Mit unserer ach so modernen Lebensweise, zerstören wir systematisch unseren Körper.

4. Alkohol und Nikotin

Dass Alkohol und Nikotin vergiftet und versäuert, ist wohl jedem von uns klar. Aber auch diese Gifte kann man entfernen. Machen Sie sich zuerst klar, ob Sie dieses Problem wirklich angehen wollen. Bei Alkohol und Nikotin kämpft man ja auch oder gerade gegen Sucht. Solange die süchtig machenden Stoffe noch im Körper stecken, ist die Gefahr groß, immer wieder in die alten Verhaltensmuster abzugleiten. Kombiniert man den Willen die Sucht zu bekämpfen mit einer Entsäuerungskur, hat man viel größere Chancen den Kampf auch zu gewinnen. Das Nikotin oder der Alkohol ist im Blut zwar schon nach 24 Stunden wieder abgebaut, jedoch nicht die Schadstoffe, die gebunden in den Schlackenhalden auf Abtransport wartet. Diese Depots müssen aufgelöst und aus dem Körper entfernt werden. Erst wenn dies vollständig erfolgt ist, kann man die Sucht endgültig loswerden. Befolgen Sie dazu die Schritte eins bis zehn und lassen zusätzlich die Finger von den Zigaretten oder vom Alkohol.

Durch die Auflösung der Depots sind allerdings gerade die süchtig machenden Stoffe auch wieder im Blut, und der Drang abermals nach Alkohol oder Nikotin zu greifen könnte wieder größer werden. Deshalb sollten Sie unbedingt eine große Menge der Mineralien im Blut haben, mehr als unten angegeben. Wie viel Sie benötigen, müssen Sie einfach ausprobieren. Hier Richtwerte anzugeben ist schwierig, denn es kommt auf die Größe Ihres Problems (Verschlackung) an.

5. Chronische Krankheiten

Alle chronischen Krankheiten wie Gicht, Rheuma, Osteoporose, Arthritis, Arthrose, Diabetes, Alzheimer, zu hoher Cholesterinspiegel usw. lassen sich auf einen sinkenden Mineralienspiegel bei gleichzeitig steigendem Schlackenpegel zurückführen. Wobei die zu Schlacken neutralisierten Säuren als Salzkristalle sich in Gelenken ablagern, was zu stechenden Schmerzen führt.

Das kommt daher, dass das Blut nur einen geringen Toleranzbereich aufweist, innerhalb dessen der pH-Wert schwanken darf. Ein Wert von 6,95 im Blut veranlasst den Körper ins Koma zu fallen. Das ist die ständig drohende Gefahr, wenn man Diabetes hat. Der Organismus versucht nun die ständig entstehenden Säuren aus dem Blut zu entfernen, um den pH-Wert zwischen 7,35 und 7,45 halten zu können. Dies tut er, in dem er die neutralisierten Säuren ablagert und zwar von außen nach innen. Also erst im Bindegewebe, den Muskeln, den Gelenken. Schließlich auch in den Organen und im Gehirn.

„Je saurer ein spezielles Gewebe wird, um so mehr degenerieren und sterben die Zellen in diesem Bereich. Tote und sterbende Zellen machen das System noch saurer.“[5]

Auch hier empfiehlt es sich alle Schritte von eins bis zehn durchzuführen mit der besonderen Betonung auf Schritt 7, dem Trinken von Kräutertees.

Menschen, die unter solchen Krankheiten leiden, haben oft starke Schmerzen. Sie nehmen daher Schmerzmittel, die zwar den Schmerz lindern, aber nicht die Ursache bekämpfen. Außerdem versäuern Schmerzmittel wiederum, was die Probleme noch verstärkt.

Probieren Sie doch einfach mal Folgendes: Konzentrieren Sie sich auf Ihre Hände und denken dabei: Schmerz raus, Schmerz raus. Letztlich ist auch Schmerz nur Energie. Das hat gar nichts mit Willenskraft zu tun, sondern nur mit dem Verständnis energetischer Vorgänge. Das ganze Leben ist eine ganze Reihe von energetischen Vorgängen und für Krankheiten gilt das auch.

Lassen Sie also den Schmerz einfach aus dem Körper fließen. Wünschen Sie sich dabei, dass die dadurch frei werdende Energie in etwas Nützliches umgewandelt wird. Nach einer Weile, solange man ungeübt ist etwa einer Viertelstunde, kann man an den Händen ein Prickeln spüren. Das ist die Schmerzenergie, die den Körper verlässt. Damit ist zwar die Ursache noch nicht behoben, aber der momentane Zustand erst einmal gelindert.

Führen Sie dieses „Ritual“ solange durch, wie Sie es für notwendig halten. Auch hierbei ist es notwendig, dass der Körper genügend Mineralien im Blut hat, denn auch alle unangenehmen Gefühle (Schmerz ist auch ein Gefühl) werden im Körper zu Säuren, die neutralisiert und ausgeschwemmt werden müssen.

Noch ein Wort zu **Alzheimer**. Es gibt eine spezielle blaugrüne Alge, deren lateinische Bezeichnung Aphanae-Klamathomenon flos-aquae lautet. Sie wird auch blaugrünes Manna genannt. Dr. Cousens führt an, dass bei 70 – 80 % der Menschen diese Alge die geistigen Funktionen und die des Gehirns aktiviert. Er macht auch darauf aufmerksam, dass er einen Fall hatte, in dem durch diese Algen Alzheimer fast völlig rückgängig gemacht wurde, und in einem anderen Fall diese Krankheit zumindest aufgehalten wurde.

Das Schlagwort **Cholesterin** ist wohl jedem bekannt und auch, dass ein zu hoher Cholesterinwert Probleme machen kann. Warum sind bei so vielen Menschen diese Werte zu hoch? Die Antwort lautet: Cholesterin bindet Säuren. Es verklebt gleichzeitig die Gefäßwände um die durch die Säuren entstanden Schäden zu reparieren, ist eigentlich ein guter Mechanismus des Körper. Die Körperzellen sind regelrecht ausgelaugt, das heißt: Ohne Basen.

Ein Freund machte mich darauf aufmerksam, dass er mit zwei- bis dreistündigem Sonnenbaden völlig ohne Medikamente seine Wert drastisch senken konnte. Vermutlich spielt die Bildung des Vitamin D durch das Sonnenlicht hier eine entscheidende Rolle, denn Vitamine sind für den Abtransport der Säuren unentbehrlich.

6. Krebs

Für die meisten Menschen, die das Wort Krebs hören, ist es gleichbedeutend mit einem Todesurteil. Das muss jedoch nicht sein! Bevor Sie sich in den Strudel der üblichen Behandlungsmethoden begeben, sollten Sie sich überall erkundigen, was es noch für Alternativen gibt. Es existieren nämlich durchaus auch andere Methoden als die übliche Chemotherapie. Außerdem sollten Sie sich, je nach Art des Krebses, auch über seine seelischen Ursachen klar werden, denn die _Seele spielt bei allen Erkrankungen eine Rolle. Hat ein Mann z.B. Hodenkrebs, so ist möglicherweise vor kurzem sein Kind gestorben. Manchmal sind solche Zusammenhänge für Außenstehende ganz offensichtlich, jedoch nicht für den Betreffenden selbst. Und manchmal muss man daher die Zusammenhänge erst herausarbeiten.

Gehen Sie im Wald spazieren und denken Sie darüber nach, was Ihnen wirklich Kummer macht. Wenn Sie nicht gleich darauf kommen, erkundigen Sie sich, wo es in Ihrer Nähe einen so genannten Kraftort gibt, begeben Sie sich dorthin und lassen Sie die Gedanken fließen. Oft merkt man nicht gleich, dass etwas geschehen ist, doch lösen sich möglicherweise die Sperren, die Sie bei der Erkennung Ihres Problems selbst aufgebaut haben, vielleicht nach dem Besuch. Vielleicht belächeln Sie im ersten Moment diese „esoterische“ Idee, doch wenn Sie wirklich Krebs haben, sollten Sie es ausprobieren.

Wenn Sie herausgefunden haben, woran es hapert, arbeiten Sie daran, das seelische Probleme zu lösen. Bei Krebs muss man mehrgleisig fahren, denn der Zeitfaktor spielt hier eine große Rolle.

Egal für welche Behandlungsmethode Sie sich entscheiden, entsäuern Sie parallel dazu Ihren Körper, denn: Krebs gedeiht nur im sauren Milieu! Entfernt man systematisch alle Säuren, auch die abgelagerten, dann verschwindet der Nährboden für Krebs. Allerdings sollte die seelische Ursache auch behoben werden, sonst kommt er wieder.

Sollten Sie in chemotherapeutischer Behandlung sein, achten Sie unbedingt darauf, riesige Mengen an Mineralien aller Arten zu sich zu nehmen, denn die Chemotherapie vergiftet nicht nur den Krebs, sondern den ganzen Körper. Auch hier holt sich der Organismus dann Mineralien aus den Körperdepots, und genau deshalb verliert man seine Haare, denen ja der Nährboden mit der Bestrahlung entzogen wird.

Es kann auf keinen Fall schaden, die Entsäuerungskur durchzuführen, denn man schwemmt alle anfallenden Gifte, die ja ein Krebsgeschwür ebenfalls produziert, aus dem Körper.

7. Hypoglykämie (Überzuckerung)

Wer in derselben Lage wie zahlreiche Mitmenschen ist und eine unstillbare Gier nach Süßem verspürt, wird es mit der Umstellung der Ernährung nicht so leicht haben. Bei solchen Personen kann eine Störung in Milz und Magen vorliegen. Leider ist der Genuss von Schokolade und anderen Süßspeisen nicht das Richtige um diese zu beheben, denn der thermisch „kalte" Zucker verschlimmert den Zustand noch mehr. Süßes benötigt der Körper zwar in diesem Fall tatsächlich, aber die entsprechende Energie sollte man sich dann aus Kartoffeln, Kürbis, Kastanien oder Fenchel holen.
Aus dem Konsum übermäßiger Mengen von Zucker hat sich eine eigene Krankheit entwickelt, die Hypoglykämie genannt wird. Wir kennen den raffinierten weißen Zucker erst seit ca. 150 Jahren. Dementsprechend konnte sich der Mensch auch noch nicht evolutionär auf ihn einstellen. Die Folge: Der Mensch wird krank.
Hypoglykämie kann sich in vielen Symptomen zeigen wie chronische Müdigkeit, Erschöpfung, allgemeine Schwächezustände, Depressionen, Kopfschmerzen, unerklärliche Stimmungsschwankungen, Angstattacken, Konzentrationsstörungen, mentale Verwirrung oder Allergien.[6] Ein weiteres Symptom, das ich bei mir feststellte ist das Auftreten von Blutschwämmchen, die erst nur winzige Punkte bilden und dann immer größer werden. Genau diese lästigen Dinger fangen auch immer dann das Jucken an, wenn ich zuckerhaltige Kost zu mir nehme.
Die meisten Leute, die Zucker in Form von Kuchen oder Schokolade u.ä. zu sich nehmen, sagen sich selbst: Ich brauche das einfach, es hebt meine Stimmung. Das stimmt sogar, aber nur kurzfristig.
Das Blut hat nur eine geringe pH-Wert-Schwankungsbreite und diese muss unter allen Umständen aufrecht erhalten werden, da es sonst bis zum Tod führen kann. Durch den Konsum des Zuckers würde der pH-Wert drastisch erhöht werden, doch der Organismus schüttet, sozusagen als Gegenmittel, Insulin aus. Das Insulin bewirkt die Euphorie, das „sich besser fühlen". Leider steckt man da in einer Falle aus der es kaum ein entrinnen gibt, denn durch die Ausschüttung des Insulins sinkt der Blutzuckerspiegel unter den Wert, den er vorher hatte. Folge: Man hat das Bedürfnis wieder etwas Süßes essen (oder trinken) zu wollen. Und dann geht das Ganze wieder von vorne los. Durch dieses ewige Rauf und Runter fallen verschiedene Säuren an, mit denen der Körper dann auch noch fertig werden muss. Hier hilft die blau-grüne Alge, die ich bereits erwähnte, ebenfalls (s. S. 12), denn sie stabilisiert den Blutzuckerspiegel, so dass man dieses süße Bedürfnis gar nicht mehr verspürt.
Dieser Teufelskreislauf kann zu schweren Erkrankungen führen und wird manchmal durch einen Schock in Gang gesetzt. Bei mir war es der Schock durch die Kundalini-Erweckung (siehe Punkt sieben), denn dadurch wurde ich an die Schwelle des Todes geführt. Ich hatte vorher meine Gier nach Süßen (die früher durch andere Umstände ausgelöst wurde) schon ganz gut im Griff, doch als sich mein Schädel so ausweitete, dass ich fast gestorben wäre (14 Tage lang keinen Schlaf vor Schmerzen!), wurde ich wieder zurückgeworfen und der Kampf begann von Neuem.

An Hypoglykämie leiden bereits 10% der amerikanischen Bevölkerung und in Deutschland sind es wohl kaum weniger, da wir die schlechten Essgewohnheiten von „drüben" übernommen haben.

Genau genommen ist Hypoglykämie keine Krankheit, sondern eine Störung des physiologischen Gleichgewichts. Ihre Ursache kann in einem Mangel an Chrom, Zink, Pantothensäure, Magnesium, Kalium oder Vitamin B6 liegen, der durch den Zuckerkonsum verursacht wird, denn die sich bildenden Säuren müssen ja wieder neutralisiert werden und dazu werden genau diese Mineralien benötigt. Also auch hier liegt wieder ein Mineralienmangel vor, den wir mit der Entsäuerungskur ja beheben wollen.
Versucht man eine zeitlang zuckerfrei zu leben, so stellt man fest, dass das sozusagen einer Art Entziehungskur ähnelt, denn dabei kann es durchaus zu suchtähnlichen Verhaltensmustern und Schmerzen kommen. Ist man es gewohnt jeden Tag in irgendeiner Form Zucker zu sich zu nehmen (und versteckt ist der Zucker z.B. in Senf, Ketschup und Mayonnaise), so bekommt man (Entzugs-)Kopfschmerzen, die nach einigen Tagen wieder verschwinden. Außerdem muss man ständig daran denken, dass man dies und das nicht essen darf und plagt sich auf diese Weise noch zusätzlich. Menschen, die mit dem Alkohol oder dem Rauchen aufhörten, kennen dies zur Genüge.
Will man Hypoglykämie nun heilen, und heilen bedeutet, dass man hinterher wieder kleine Mengen an Zucker zu sich nehmen kann, ohne erneut krank zu werden, so sollte man zusätzlich zu der Entsäuerungskur folgendes beachten: Essen Sie ca. sechs kleine Mahlzeiten pro Tag, keine großen. Streuen Sie über die Mahlzeiten gekeimte Nüsse oder Samen. Das bringt den Blutzucker ins Gleichgewicht. Dadurch verringert sich die Gier nach Süßem.
Als ich das erste Mal ein Schälchen mit Sprossen und Samen auf den Tisch stellte, um sie mir über das Essen zu streuen, meinte mein Sohn Christian: „He, ich will auch was." Woraufhin sich mein Mann meldete: „Ich auch." Christian fragte wiederum: „Ist das gesund?". Ich antwortete: „Das ist sogar extrem gesund." Nun muss ich immer eine viel größere Menge einweichen und mehr Sprossen ziehen. Ich bin sehr froh darüber.
Essen Sie so viel Rohkost wie möglich. Je mehr Rohkost die Nahrung enthält, umso schneller erfolgt die Heilung. Wenn Sie Rohkost allerdings nicht gewöhnt sind und der Magen weh tut oder grummelt, dann fangen Sie langsam an, um den Organismus daran zu gewöhnen.
Essen Sie keinerlei Produkte, die Zucker enthalten. Noch nicht einmal süße Früchte, denn wer stark übersäuert ist, kann den Fruchtzucker gar nicht richtig verwerten. Ich bemerkte das daran, dass mir auch beim Obstessen der Kopf juckte, solange ich noch stark übersäuert war.
In 53 % der Fälle erreicht man mit diesen, zugegebenermaßen nicht so einfachen Maßnahmen, eine Befreiung der Symptome innerhalb von drei Wochen, in 74% der Fälle innerhalb eines Monats. In schweren Fällen kann es auch schon mal bis zu vier Monaten dauern. Ich habe das probiert, scheiterte aber an dem Punkt: Essen Sie nichts mit Zucker. Einige Familienfeste mit den Kuchen stand ich tapfer durch, aber irgendwann habe ich doch wieder einen gegessen und steckte wieder in der (Insulin-) Falle. Hier ist es tatsäch-

lich wie beim Alkohol und den Zigaretten, man muss völlig darauf verzichten, zumindest mehrere Monate.
Man bekommt dann auch von allen Seiten zu hören: Man muss sich doch mal was gönnen u.ä. wenig hilfreiche Bemerkungen. Will man aber gesunden, muss man all die Verführungen und zum Teil auch Anfeindungen konsequent durchstehen. Bis zum nächsten Teil dieser Buchserie, in der ich die spirituellen Auswirkungen einer Körperreinigung von Giften aufzeige, die auftreten können, werde ich auch diesen Punkt gemeistert haben. Ich bin nicht die einzige, die Jahre benötigt, wie ich in der Literatur feststellte. Seien Sie also nicht ungeduldig mit sich selbst, wenn sie es nicht gleich schaffen und probieren Sie es immer wieder. Irgendwann ist der Wille stark genug.

Um eine dauerhafte Heilung zu erreichen (und das gilt für alle Krankheiten), müssen Sie allerdings Ihren Lebensstil grundsätzlich ändern, denn nur wenn wir mit unseren lieb gewonnenen Gewohnheiten brechen (auch wenn es nicht in die derzeitige Gesellschaftsordnung passt), können wir vollständig gesunden und damit eine langes und erfolgreiches Leben führen.
Da wir aber in einer Zeit der so genannten „Neunen Energien“ leben, wird auch hier ein allgemeiner Wandel eintreten. Fordern viele Menschen für die Supermarktregale gesunde Nahrung, werden sich die Hersteller irgendwann darauf einstellen müssen, wenn sie nicht pleite gehen wollen. Die vielen Produkte mit dem Stempel „Öko“ zeigen ja bereits ein geändertes Verbraucherverhalten. Diese Öko-Siegel muss aber auch oder vielmehr gerade für die Frischware gelten und hier ist noch viel zu tun.

8. Zahnprobleme

Wir haben heutzutage so viele Zahnprobleme wie nie zuvor. Ein Grund dafür ist auch der hohe Zuckerkonsum. Sehen Sie sich einmal die Zähne von lebenslangen Vegetariern an (keinen weißen Zucker!) und dann in den eigenen Mund. Ich bin da keine Ausnahme. Mein Mann nennt das meinen Steinbruch und er hat recht. Meine zwanzigjährige falsche Ernährungsweisen hatte fatale Folgen, denn die Säuren im Speichel richten immensen Schaden an.

Was kann man tun, wenn man das nun weiß? Eine Antwort ist natürlich, den Zuckerkonsum reduzieren. Eine andere eine Ölziehkur. Will man das Gleichgewicht im Mund wieder herstellen, so nimmt man einen Schluck bestes (kalt gepresstes) Olivenöl in den Mund. Aber nicht hinunterschlucken! Und wälzt es eine Viertelstunde lang im Mund hin und her. Der Mund wird dabei immer voller, denn es wird dabei auch Speichel produziert. Das Öl ist ebenfalls basisch und daher schickt auch hier der Körper seine Säuren zur Neutralisierung entgegen. Aus diesem Grund darf man das Öl nach der Viertelstunde auch nicht hinunterschlucken. Man spuckt es aus und putzt danach gründlich die Zähne, um alle Säurereste zu entfernen und zwar mit einer Bullrichsalzlösung, die man ebenfalls eine oder zwei Minuten im Mund umherzuwälzen sollte, damit auch alle Ölreste wieder entfernt werden. Diese Kur sollte man über mehrere Wochen durchziehen. Damit schließen sich sogar bereits vorhandene Löcher wieder, wenn sie noch nicht zu groß sind.

Schon Hildegard von Bingen empfiehlt eine Zahnpflege mit Salz (wirkt antibakterielle).

Ich habe dies selbst durchgeführt und da mein Körper nun gelernt hat mich zu warnen (oder ich besser auf ihn höre, je nach Sichtweise) konnte ich nach ca. 10 Minuten fühlen, wie der Körper sich Mineralien aus meiner Kopfhaut (Jucken!) holte, um die auf dem Weg zum Mund befindlichen Säuren zu binden und entfernen zu können. Es empfiehlt sich daher zu diesem Zeitpunkt bereits genügend Mineralien im Blut zu haben. Das erreicht man, in dem man abends seine üblichen drei – vier Kapseln oder den Teelöffel zusammen mit zwei Brausetabletten Vitamin C einnimmt. Überhaupt ist der Körper nachts am aktivsten was die Entgiftung betrifft und zwar bis 11.00 Uhr Morgens. Weshalb ich im Ernährungsplan auch hauptsächlich Obst als Frühstück empfehle.

Mit der Ölziehkur wird der Mundraum allerdings nur dann saniert, wenn, der restliche Körper nicht (mehr) übersäuert ist. Wenn dies noch der Fall ist, kann man die Ölziehkur als zusätzliche Maßnahme zur Entsäuerung durchführen.

9. Die spirituelle Komponente

Ich habe schon angedeutet, dass ich mich in letzter Zeit auch mit spirituellen Dingen beschäftige. Einige Leser werden nun die Nase rümpfen und fragen: Was will sie denn damit? Aber ich habe Gründe dafür, hier darüber zu schreiben, denn die Reinigung des Körpers ist gerade dann wichtig, wenn man sich dem spirituellen Gedankengut zuwendet. Unter Spiritualität verstehe ich die Erweiterung des Bewusstseins mit der Akzeptanz, dass es mehr zwischen „Himmel und Erde“ gibt, als die Schulweisheit sich träumen lässt. Und es gibt verdammt viel mehr, wie ich selbst feststellen musste und durfte! Wen dies nicht interessiert sollte einfach zum nächsten Kapitel weitergehen.
Ich hatte mich nie mit Esoterik (Der Lehre vom Geheimwissen) oder Spiritualität beschäftigt, aber ich wurde dazu gezwungen, als ich durch merkwürdige Umstände in ein Initiationsritual geriet und in der Folge die Kundalinikraft geweckt wurde. Die Kundalini- oder Schlangenkraft ruht normalerweise am Ende der Wirbelsäule zusammengerollt in 3,5 Windungen. Steigt sie auf, nimmt ein Transformationsprozess seinen Lauf, der viele Veränderungen im Körper und der Denkweise bewirkt. Die Erweckung dieser Kraft ist das Ziel der meisten Yogaübungen und auch das Ziel von Meditationen. Hat man dieses Ziel erst einmal erreicht, erkennt man, dass es dahinter noch viel mehr gibt und es lediglich ein Anfang war.
Anfangs fragte ich mich natürlich, warum gerade mir das passiert, was zahlreiche Menschen ihr Leben lang anstreben. Ich suchte in den Schriften aus Indien und fand dort Beschreibungen, um was es sich da handelt, und etwas verwaschene Schilderungen, was passiert, wenn die Kundalini sich durch die einzelnen Energiewirbel, Chakren genannt, gekämpft hat und oben im Kopf angekommen ist. Wenn sich das Kronenchakra öffnet, stellt man sozusagen eine Verbindung zum göttlichen Prinzip her und nun wird klar, warum religiöse Menschen danach streben. Dies ist die sogenannte Erleuchtung.
Diese Chakren transformieren kosmische Energie, die tagtäglich auf uns einströmt, so, dass wir sie im Körper verwenden können. Das tun sie immer in solch einem Maße, dass wir gerade so am Leben bleiben. Doch gibt es auch eine stimuliertere Aktivität, die durch das Aufsteigen der Kundalini angeregt wird.

Es gibt sieben Hauptenergiewirbel (Chakren). Das Wurzelchakra weist auf Themen wie Sicherheit, Stabilität und Überleben, eben Verwurzelung hin. Beschäftigt man sich mit solchen Themen, stimuliert man auch das entsprechende Energiezentrum. Es befindet sich am Ende der Wirbelsäule, eben dort wo die Kundalini schläft.

- Das Sakralchakra oder auch Sexualchakra, in der Gegend der Geschlechtsorgane, hat als zentrale Themen Fortpflanzung, Sexualität und schöpferische Lebensenergie. Dies ist immer dann ein wenig aktiv, wenn Sie sexuell erregt sind. Ist es jedoch einmal richtig aktiviert, steigern sich auch hier die Gefühle wesentlich.
- Das Solarplexuschakra, oberhalb des Nabels, repräsentiert die Aspekte Willen, Gefühle, Macht und Identität. Durch diesen Energiewirbel stehen wir mit der Außenwelt in Verbindung. Es verursacht die Bauchgefühle, die Schmetterlinge im Bauch, die Vorahnungen usw.
- Die unteren drei Chakren sind bei den meisten Menschen aktiver als die oberen.

- Das Herzchakra liegt auf Herzenshöhe in der Brustmitte (!) und ist das energetische Zentrum der Liebe, des Mitgefühls und der Menschlichkeit. Es verbindet die unteren drei Chakren mit den oberen.
- Das Halschakra, im Kehlkopfbereich, bildet das Zentrum der Sprache und der Kommunikation und ist bei Rednern und Autoren besonders ausgeprägt.
- Das Stirnchakra, in der Nähe des 3. Auges, stellt die Verbindung zur geistigen Welt dar und ermöglicht intuitive Erkenntnisse.
- Das Kronenchakra liegt etwa am Scheitelpunkt des Kopfes und hängt mit Spiritualität und Erleuchtung zusammen.

Steigt nun die Kundalini auf, werden diese Chakren von unten herauf nach und nach aktiviert, also in Drehbewegung versetzt. Die Drehung nimmt immer mehr zu und damit auch die Energieaufnahme aus dem Kosmos. Bei einem bestimmten Pegel steigt die Energie nun höher zum nächsten Chakra usw.

Bei jedem Chakra werden bestimmte Themen durchgespielt, so dass man plötzlich mit Gefühlen und Erinnerungen konfrontiert wird, die eigentlich der Vergangenheit angehören, manchmal sogar vergangener Leben oder das, was man dafür hält. Es ist *die* Gelegenheit mit der Vergangenheit abzuschließen und endlich im Hier und Jetzt zu leben.

Es werden aber auch sämtliche Krankheiten, die latent im Körper vorhanden sind, durchgespielt, die man dann mit großer Wahrscheinlichkeit nie mehr bekommen kann. Man zeigt also Symptome von Krankheiten, ohne die Krankheit selbst wirklich zu haben. Wurde nun auf Grund der Übersäuerung der Körper sozusagen heruntergewirtschaftet, so häufen sich die durchzuspielenden Symptome, da man auch mehr Krankheiten latent mit sich herumträgt. Das kann durch die Häufung dazu führen, dass man sich für todkrank hält, ohne es wirklich zu sein. Deshalb ist es so wichtig für den spirituell Suchenden sich von den Giftstoffen zu befreien. Das ist auch der Grund, warum ich dies hier mit aufgenommen habe.

Vollzieht man die Reinigung noch vor der Erweckung der Kundalini, so läuft der ganze Prozess viel glimpflicher ab.

Außerdem werden auch unterdrückte Gefühle wieder nach oben gespült und wie ich schon andeutete, bilden auch negative Gefühle Säuren im Körper und können auf diese Weise aus dem Körper geschwemmt werden – wenn, ja wenn genügend Mineralien im Blut vorhanden sind um diese zu binden.

Eine Folge der Erweckung der Kundalini soll die Entwicklung außergewöhnlicher Fähigkeiten sein. Und damit wird auch gleich die Gefahr des Missbrauches angedeutet, denn ist ein Mensch nicht durch einen Prozess gegangen, der aus ihm einen besseren, verantwortungsbewussteren Menschen macht, könnte er diese Fähigkeiten gegen seine Mitmenschen anwenden. Aber genau diesen Prozess macht man mit der Aktivierung der Kundalini ja durch.

Von solchen Fähigkeiten habe ich persönlich noch nichts bemerkt, aber ich hatte einige ungewöhnliche Erlebnisse, doch davon werde ich im nächsten Buch erzählen. Worum es mir heute geht, ist klar zu machen, dass zur Zeit Wellen besonderer Energien diesen Planeten treffen und dass als Folge davon immer mehr Menschen „aufgeweckt“ werden und ihre schlafende spirituelle (weibliche) Kraft nach oben steigt. Zu den Zeiten, als die Yogis ihre Aufzeichnungen über die Kundalinikraft machten, war ihre Erweckung ein äußerst seltener Fall. Nur mit jahrelangen meditativen Übungen und Kontemplation konnte dies bewirkt werden. Das heißt, bewirken klingt so als hätten diese Menschen es selbst getan. Tatsache ist jedoch, dass die Erweckung der Kundalini ein Akt göttlicher Gnade ist und nicht deshalb geschieht, weil jemand besondere Maßnahmen ergriff, auch wenn manche Yogis das noch glauben.

Diese Seltenheit der Erweckungen aus den Schriften widerspricht aber dem, was ich selbst erlebe und was zahlreiche Menschen (die so genannte Esoterikwelle ist eine Randerscheinung davon) bereits erlebt haben oder gerade erleben, und viele wissen nicht einmal um was es sich dabei handelt und wie sie damit umgehen sollen.

Wir leben in verrückten Zeiten, in denen anscheinend eine Massenerweckung (oder auch Massenerleuchtung) dieser besonderen Kraft im Gange ist, die meiner Meinung nach einen *Evolutionssprung* darstellt, und der ist auch bitter nötig, wenn man sich in unserer Gesellschaft so umsieht. Es ist also einerseits nichts Besonderes mehr, wenn sie erweckt wird. Andererseits aber doch, nämlich für den Betreffenden, denn die Sichtweise der Welt verändert, erweitert sich für ihn schlagartig und ihm wird bewusst, dass die Welt ganz anderes funktioniert und beschaffen ist, als man ihm erzählt und er bisher geglaubt hat.

Einige der hyperaktiven Kinder, die ich weiter oben erwähnte, entwickeln außer ihrer Intelligenz auch noch besondere Fähigkeiten. Sie sind die so genannten Indigokinder. Bei ihnen könnte die Kundalini von Geburt an tätig sein, denn eine Folge des Aufstiegs der Schlangenkraft kann Hyperaktivität sein. Besondere Behutsamkeit und Pflege ist beim Umgang mit diesen Kindern daher angebrachter als sie unter Drogen zu setzen, um sie ruhig zu stellen. Sie sind unsere Zukunft!

Wie sieht nun die Situation eines Menschen aus, dessen Schlangenkraft geweckt wurde? Ich stelle einfach mal ein paar Fragen, und wenn Sie einige davon mit „ja“ beantworten können (vor allem die ersten), dann ist es möglicherweise bei Ihnen der Fall. Dann ist dringend eine völlige Umstellung der Ernährung notwendig und eine Reinigung des Körpers von Giften, denn der Aufstieg der Schlangenkraft birgt auch große Gefahren. Wahnsinn und Krankheit ist nicht selten eine Folge davon, weil die betreffenden Menschen nicht wissen, was los ist und wie sie sich zu verhalten haben.

Das Wichtigste dabei ist, es geschehen zu lassen, sich also nicht wehren, denn das macht alles nur schwieriger und hat ohnehin keinen Zweck. Sehen Sie sich die unten stehenden Fragen einmal an und beantworten Sie sie für sich. Und selbst wenn die Antworten derzeit noch „nein“ lauten, kann es durchaus sein, dass Sie bei der nächsten „Erweckungswelle“ „dran“ sind, und dann wissen Sie Bescheid und können sich darauf einstellen.

Fragen zur erwachten Kundalinikraft:

- ☐ Haben Sie manchmal das Gefühl, dass irgendetwas Ihr Rückgrat hinauf oder auch hinab steigt?
- ☐ Haben Sie manchmal das Gefühl, dass ein Energieschub von oben in Ihren Kopf dringt?
- ☐ Hören Sie Stimmen oder Klänge, die niemand sonst hört?

- ☐ Sehen Sie die Aura (ein zusammenfassender Begriff für die verschiedenen Energiefelder des Menschen) von Menschen, Tieren oder Pflanzen?
- ☐ Es ist übrigens ganz leicht Aurasehen zu erlernen. Stellen Sie sich bei Sonnenuntergang so auf, dass Sie den Himmel sehen. Heben Sie nun eine Hand vor Ihre Augen in ca. 20 cm Abstand und blicken Sie zwischen dem Zeige- und Mittelfinger (oder zweier beliebiger anderer Finger) hindurch. Mit der Zeit werden Sie eine hauchdünne gelb und blau schimmernde Schicht um die Finger wahrnehmen. Sehen Sie noch länger hin, so wird Ihnen bewusst, dass darüber noch eine milchig trübe Schicht liegt. Je länger Sie hinsehen, umso mehr werden Sie von der Aura erkennen.
- ☐ Sehen Sie bei Sonnenschein fremdartige Schriftzeichen auf den Innenlidern Ihrer Augen?
- ☐ Hatten Sie schon mal das Gefühl, dass sich an einer bestimmten Stelle im Körper so etwas wie eine drehende Scheibe befindet, die Energie nach allen Seiten ausstrahlt? Dann war ein Chakra aktiv.
- ☐ Entwickeln Sie von einen Tag auf den anderen außergewöhnliche Fähigkeiten, wie beispielsweise Hellsehen?
- ☐ Sehen Sie in Ihren Träumen apokalyptische Bilder vom Werdegang der Menschheit?
- ☐ Haben Sie Träume, die den Verdacht aufkommen lassen, dass es sich um Szenen aus einem anderen Leben handelt? Einem Leben in einer Paralleldimension, der Vergangenheit oder sogar der Zukunft?
- ☐ Haben Sie Schwierigkeiten mit elektrischen Geräten? Beispielsweise dem Aufglühen von oder einen ungewöhnlich hohen Verbrauch an Glühbirnen. Gehen elektrische Geräte oft kaputt, wenn Sie sie bedienen im Verhältnis zu anderen Personen? Stürzt der Computer unverhältnismäßig oft ab oder flackert das Bild des Fernsehers, wenn Sie vorübergehen? Wirken sich starke Gefühle auf elektrische Geräte aus?
- ☐ Hatten Sie sonstige ungewöhnliche Erlebnisse in der Wahrnehmung? Mir passierte vor Jahren Folgendes: Ich wachte morgens auf und fühlte mich, als würde ich auf Radiofrequenzen reiten. Während mir mein Körper bewusst war, wechselte mein Geist von Frequenz zu Frequenz. Ich hörte die Stimmen der Radiomoderatoren, sah aber keine Bilder. Ich war drei Stunden lang nicht in der Lage meinen Geist zu befreien und die Herrschaft über meinen Körper wieder zurück zu gewinnen.
- ☐ Hatten Sie je das Gefühl, dass Ihr Körper nur eine dünne Hülle ist und darin nur einige wenige Moleküle umherschwirren?
- ☐ Konnten Sie schon einmal Ihre Aura spüren, die den Körper durchdringt und über ihn hinaus reicht?
- ☐ Hatten Sie schon einmal so etwas wie eine Lichtexplosion im Kopf?
- ☐ Entdecken Sie gerade, dass Sie nie vermutete Heilkräfte entwickeln?
- ☐ Hatten Sie kürzlich telepathische Erlebnisse, obwohl Sie bis dahin nicht glaubten, dass es so etwas tatsächlich gibt?
- ☐ Stellen Sie fest, dass sich Ihre Sinne verschärfen?

Diesen Fragenkatalog könnte man noch endlos weiterführen, da sich im Laufe der ersten 3 Jahre unglaublich viele Dinge abspielen. Um zu erkennen, ob Sie betroffen sind oder nicht, müsste dies jedoch genügen.

Lautet die Antwort auf mindestens drei Fragen ja, in meinem Leben haben sich einige dieser Vorfälle ereignet, so ist es dringend erforderlich begleitend zum Aufstieg der Kundalini den Körper zu reinigen. Ich betone das immer wieder, weil ich aus den Erfahrungsberichten, die mir zugänglich sind, ersehen konnte, dass die Ernährung und die Giftmenge im Körper ein sehr wichtiger Faktor darstellt, ob dieser Prozess glimpflich abläuft oder sehr heftig.
Lernt man es, hauptsächlich über das Herzchakra (also die universelle Liebe) zu leben, es also ständig aktiv zu halten, hat das einen erstaunlichen Effekt: Sie brauchen nämlich dann keine Mineralien mehr zuführen und können essen was Sie wollen, denn die energetische Qualität des Herzchakras ist in der Lage, alle Gifte zu neutralisieren, so dass sie keinen Schaden mehr anrichten können.
Für diejenigen, die Ihren Körper schon gereinigt haben (oder beides miteinander verbinden wollen, nämlich Reinigung und Unterstützung) und nun den Aufstieg der Kundalini perfekt unterstützen wollen, gibt es die so genannte Regenbogenernährung, die Gabriel Cousens ausgearbeitet hat. Er geht von dem Ansatz aus, dass die äußeren Farbe der Nahrung, die man verstärkt zu sich nimmt, die gleiche sein sollte, die auch das momentan sich entwickelnde Chakra besitzt.
Generell meint er, dass man morgens, wenn man aufsteht auch etwas essen soll, das dem Wurzelchakra von dem aus die Kundalini sozusagen aufsteht, entspricht. Da das die Farbe rot bis erdbraun ist, sind hier rotbackige Äpfel empfehlenswert. Dazu kann man auch noch Nahrung für das orangefarbene Sexualchakra (z.B.) Orangensaft trinken und goldgelbe Bananen für das Solarplexuschakra (auch Sonnengeflecht genannt) essen. Für das Mittagessen sind goldgelbe, grüne und blaue Nahrung gut. Entgegen der landläufigen Meinung, dass rot die Farbe der Liebe ist, ist die Farbe für die Stimulierung des Herzchakras grün. Hier passen also alle Salate und grüne Gemüse ins Programm. Streut man Sprossen oder mindestens 8 Stunden eingeweichte Samen in den Salat, hat man die goldgelbe Farbe gleich mit abgedeckt und sichergestellt, dass in der Mahlzeit ein hoher Anteil an Mineralien enthalten ist. Hier wäre mein Rezept für den Avocadoaufstrich mit blauen Trauben (für das Halschakra) von Tag zwei (siehe unten) genau richtig, wenn man über den Aufstrich noch Sprossen streut, sind alle drei Farben abgedeckt. Für das Abendessen soll man blaue, indigofarbene, purpurne und weiße Nahrung zu sich nehmen. Indigo steht für das 3. Auge. Purpur und weiß für das Kronenchakra. Alle blauen Beeren und blauer Mais gehören zu den blauen Lebensmitteln. Purpurne sind beispielsweise Amarant (eine Getreidesorte), Aubergine und Rotkohl. Wer mehr wissen will, findet Genaueres in *Ganzheitliche Ernährung und ihre spirituelle Dimension* von Gabriel Cousens. Für den Interessierten habe ich am Ende des Buches einen Plan nach Art der Regenbogenernährung zusammengestellt.

Reinigen Sie Ihren Körper auf die unten beschriebene Weise und die Freude an den neuen Perspektiven, die Ihnen eröffnet werden, wird immens sein. Aber eine Warnung noch zum Schluss: Einige bei denen die Schlangenkraft aufsteigt, gelangen irgendwann an die Schwelle des Todes und werden dabei geprüft! Meistert man diesen Test, geht die Entwicklung weiter.

Regenbogenernährung

10. Erfahrungsberichte

- Dass eine völlige Umgewöhnung der Ernährung auch bei „eingefleischten" Fleischessern möglich ist, zeigt ein Freund, Ronald Rattmann, der sich als Versuchskaninchen zur Verfügung stellte. Er meinte: „Wenn du es bei mir schaffst, dass ich kein Fleisch mehr esse, dann kannst du jeden überzeugen."

Seine Ausgangsdaten waren folgende:
Gewicht am 1.11.2002: 87,6 kg bei einer Körpergröße von 1,79 und einem Alter von 36. Außerdem hatte er am 1.11.2002 einen permanenten Säurewert von 6,8 den ganzen Tag lang. Er ist ein typischer Fall von Säuresperre. Die lockerte sich nach ca. zwei Wochen der Ernährungsumstellung. Das übermäßige Schwitzen ist ein deutliches Zeichen dafür, dass die Nieren mit den eingelagerten Säuren nicht mehr fertig werden und die Haut als eine Art Hilfsniere benutzen, um wenigstens den gröbsten „Dreck" loszuwerden. An den Hautunreinheiten kann man das ebenfalls deutlich erkennen. Bei R. Rattmann reduzierte sich das Schwitzen unter den Achseln deutlich. Bevor er aber nicht die Altlasten durch Bäder oder Salzsocken entfernt hat, wird das Schwitzen nicht aufhören.
Er wendet die Salzsocken und die Bäder, die weiter unten geschildert sind, aus Zeitgründen erst einmal nicht an, hat aber seine Ernährung auf Trennkost umgestellt und vermeidet Fleisch, ohne es ganz wegzulassen. Außerdem nimmt er regelmäßig SanCoral, die Mineralien aus Okinawa. Sein Gewicht schwankt im Moment (Januar 2003) zw. 83 kg und 85 kg. Er sagt selbst, dass sich sein Wohlbefinden (Verdauung, Energie, Anfälligkeit gegen Krankheiten wie Erkältung) seit der Umstellung deutlich gesteigert hat und auch der Wille zur körperlichen Betätigung ist gestiegen. Auch die Hautunreinheiten im Gesicht sind erheblich, auf dem Rücken sogar um ca. 50% zurückgegangen. Außerdem meinte er bei einem Telefongespräch, dass er die stressige Zeit, die er durchmachen musste, wohl nicht so unbeschadet überstanden hätte, wenn er nicht kurz vorher umgestellt hätte.

- Lilo Emmerling wandte die Salzbäder an und ihre Hautqualität hat sich seitdem sehr verbessert und auch das Sodbrennen ist verschwunden, seitdem sie regelmäßig Mineralien einnimmt.
- Eleonore Göbel wandte sich an mich, als ich einen Vortrag zur Entsäuerung hielt. Sie hatte Wasser in den Beinen und folglich Schmerzen. Ich gab ihr sofort zwei Kapseln der Schindele´s Mineralien und eine halbe Stunde später kam sie überglücklich zu mir und meinte, die Schmerzen wären fort. Die Mineralien banden die mit Wasser verdünnten Säuren und wurden dann über den Urin ausgeschieden.

Seitdem (Mai 2002) nimmt sie regelmäßig Mineralien und zwar genau die gerade genannten, wendet die Fußbäder und Ganzkörperbäder in Seife an und trinkt regelmäßig Kräutertee und Quellwasser. In dem Dreivierteljahr, der Anwendung sind folgende Beschwerden verschwunden: Häufiger Drehschwindel, Ohrgeräusche, Rheumapunkte in Schulter und Kniegelenke, eine übermäßige Druckempfindlichkeit der Haut, ein Knoten an einem Fingergelenk. Die schon seit Jahrzehnten trockene Nasenschleimhaut hat sich wieder regeneriert, das Immunsystem hat sich verbessert, daher keine Infekte mehr. Das Jahr 2002 war

der erste Sommer ohne schwere Beine bzw. Wasser in den Beinen. Das extreme Wachstum von Hornhaut hat sich normalisiert, sich ständig schälende Haut an Handballen und Ellbogen haben wieder normales Aussehen. Bei Einnahme der Mineralien erfolgte lange Zeit eine Darmreinigung. Die Gewichtszunahme ist gestoppt und die Schmerzen an den Hämorriden haben sich deutlich verringert. Außerdem befand sie sich zu Beginn der „Kur" bereits wieder an der Schwelle eine neue Brille zu benötigen. Das hat sich erübrigt. Außerdem berichtet sie von einem beschwingten Gefühl mit dem sie nun durchs Leben geht. Und das mit über 60!
Sowohl Eleonores als auch Lilos Beispiel zeigen, dass es in keinem Alter zu spät ist, etwas für seinen Körper zu tun. Und gerade im Alter zeigen sich ja auch die häufigsten Krankheiten und Alterserscheinungen. Aber Jugendlichkeit ist kein Schutz vor Altersbeschwerden, wie die ständig zunehmende Zahl an Herzanfällen schon mit 30 zeigt. Dies liegt daran, dass die mangelhafte Ernährung (Das klingt wie Hohn, wenn man an die Supermärkte denkt aber in der industriell zubereiten Nahrung fehlen fast völlig die Spurenelemente, die für ein einwandfreies Funktionieren des Organismus absolut notwendig sind.) schon mehrere Generationen anhält. Die Zahl der gesund zur Welt kommenden Kinder sinkt in der so genannten zivilisierten Welt drastisch. Und die Zahl der Fehlgeburten wiederum steigt.

- Mein Mann (45) berichtet davon, dass die Gelenkschmerzen, die er bereits in den Fingern spürte, verschwunden sind. Die Beschwerden in der Schulter, die durch eine Verletzung beim Judo herrührten, sind ebenfalls nicht mehr spürbar. Zeitweise Pickel treten gar nicht mehr auf. Er hat nie Muskelkater nach dem Judotraining, da er durch vorherige Einnahme von Mineralien (die binden die entstehende Milchsäure) dem vorbeugt. Auch berichtete er mir von einer Qualitätsverbesserung der spröden Fußnägel. Auch bei ihm hat sich das allgemeine Wohlbefinden stark verbessert, genauso wie die Immunabwehr. Zu Hause bekommt er nur selten Fleisch, aber er genehmigt sich auswärts hin und wieder einen Bissen und den gönne ich ihm auch. Wie sagte eine Freundin zu mir: „Nicht jeder kann deine asketische Lebensweise annehmen". Das ist sicher richtig und auch nicht für jeden notwendig. Da mir diese Lebensweise aber zu einer enorm verbesserten Gesundheit verhalf, macht es mir nichts aus. Ich verzichte lieber auf dies und das und kann dafür all meine Interessen ohne Einschränkung nachgehen, als dass ich wegen Kreuz- Gelenk- oder sonstigen Schmerzen auf das Vergnügen des Lebens verzichte. Die Entscheidung und die Verantwortung liegen bei jedem einzelnen selbst und nicht bei anderen. Das betone ich immer wieder. Jeder muss mit den entsprechenden Konsequenzen (guten wie schlechten) leben.

11. Konsequenzen eines hergestellten Säure-Basen-Gleichgewichts

Um es noch einmal klarzustellen: Der Körper bildet auf jeden Fall Säuren bei der Verstoffwechselung von Nahrung, Erfahrungen, Gefühlen, Lärm und sonstigen Einflüssen. Doch haben sich in den letzten 150 Jahren zuviel davon in den Körpern der Menschen (und auch im Boden, und in den gehaltenen Tieren) angesammelt und dieses „Zuviel" ist das, was wir loswerden können und auch müssen.
Ein Spirituosenhändler, der das kristalline Salz aus dem Himalaya auf meine Anregung hin in seine Produktpalette aufgenommen hat, berichtete mir von einem Bauern, der das Salz in großen Mengen abnimmt. Dieser löst das Salz in Wasser durch rühren auf. Wichtig ist (warum konnte ich noch nicht ermitteln), dass es links herum gerührt wird. Dieses Salzwasser wird dann unter das Futter gemischt und bewirkt das Gleiche wie in menschlichen Körpern: Das „Zuviel" an Säure wird gebunden und ausgeschwemmt. Seitdem der Bauer das macht, braucht er so gut wie keinen Tierarzt mehr und spart damit viel mehr als er für das Salz ausgibt.
Dieses so genannte Alexandersalz kann man schlucken oder anders verwenden. Wie, schildere ich noch ausführlich.
Unsere übersäuerten Böden benötigen im Grunde auch jede Menge Mineralien, damit die Pflanzen, die darauf angebaut werden auch wieder mehr Mineralstoffe und Spurenelemente enthalten. Wo durch jahrhundertelange Bewirtschaftung nichts mehr in den Böden steckt, kann auch nichts in die Pflanzen gelangen.

Was wären die Konsequenzen für die Menschen, wenn wir alle unser Säure-Basen-Gleichgewicht wieder herstellen könnten?

- Zunächst einmal wären wir viel gesünder. Die degenerativen Krankheiten gäbe es nicht. Herzanfälle, Schlaganfälle, Alzheimer usw. gäbe es nur noch in Ausnahmefällen, wenn überhaupt. Damit würde eine völlige Neustrukturierung des Gesundheitssystems einhergehen müssen, denn viele der darin Beschäftigten benötigten eine neue Arbeit. Das wiederum würde das Gesundheitssystem insgesamt sanieren.
- Da wir eine hervorragende Geburten- und Unfallmedizin haben, würde die Lebenserwartung der Menschen ganz allgemein drastisch steigen. Das wiederum würde unser ohnehin angeschlagenes Rentensystem zusammenbrechen lassen, und so wären wir auch hier gezwungen eine völlig neue Sozialstruktur aufzubauen, denn unsere Senioren wären nicht krank und pflegebedürftig sondern vital, lebenslustig und arbeitsfähig. In Rente gehen mit 60, um dann weitere 60-80 Jahre sich von der Arbeit erholen, klingt kaum verlockend. Der Mensch braucht eine Aufgabe, die ihn erfüllt - in jedem Alter. Aber vielleicht könnten wir in den älteren Jahren dann endlich das tun, was wir schon immer tun wollten. Und wer weiß, vielleicht reicht diese Tätigkeit (z.B. die Häuser so gestalten, dass wir in Harmonie mit der Natur leben, essbare Verpackungen erfinden, sich selbst reparierende Straßen kreieren, Umwelt belebende Kraftfahrzeuge auf den Markt bringen usw.) ja sogar um seinen Unterhalt zu bestreiten?

- Wir würden unser seelisches Gleichgewicht wieder finden, denn die Säuren machen uns sauer. Das musste ich selbst immer wieder feststellen. Wenn ich z.B. der Schokolade mal wieder nicht widerstehen konnte, bin ich zwar anfangs gut gelaunt, doch nach ca. zwei bis drei Stunden, wenn sie verstoffwechselt ist, haben sich die entsprechenden Säuren gebildet und ich fange wieder an schlecht gelaunt an meinen Kindern herumzunörgeln. Das gilt für Fleisch genauso. Es ist sicher keine Binsenweisheit, dass der Weltfrieden von unserem inneren Frieden abhängt.

Schon der griechische Historiker Herodot hatte beobachtet, dass „Fleisch essende Nationen dazu neigten, kriegerisch zu sein, und die Menschen in ihren Beziehungen zueinander Wut, Entfremdung und sinnliche Leidenschaft zum Ausdruck brachten. Er wies auch darauf hin, dass Fleischesser tapfer, mutig und unerschrocken waren.“[7] Er bemerkte außerdem noch, dass Körner essende vegetarische Kulturen die Fleisch essenden Kulturen in Kunst, Wissenschaft und spiritueller Entwicklung übertrafen.
„Vegetarier haben oft Angst davor, einen Vitamin-B_{12}-Mangel zu erleiden. Es ist ein Gerücht, dass nur Fleisch Vitamin-B_{12} enthält. Vitamin-B_{12} ist auch in Milch, Eiern, altem Käse, Bierhefe, Sonnenblumenkernen, Kelp[1], Bananen, Erdnüssen, bestimmten Traubensorten, rohen Weizenkeimen, Pollen und fermentierten Nahrungsmitteln enthalten. Die gesunde Darmflora ist eine weitere Quelle von B_{12}“.[8]
Was damals stimmt, stimmt heute genauso. Würden alle Menschen Vegetarier werden, ginge es sicher friedlicher zu auf der Welt. Was könnten wir dann alles tun, wenn wir nicht mehr so mit den Kriegsspielen beschäftigt wären? Wir könnten endlich daran gehen unser großes geistiges Potential zu entfalten, das wir zweifellos haben, wenn man sich die wenigen Berichte über telepathische, telekinetische und andere besondere Fähigkeiten ansieht.

- Wenn wir nicht mehr so mit unseren Krankheiten beschäftigt sind und unser Geist wieder klarer wird, erkennen wir dann die Spielchen und Manipulationen, die die Machthabenden mit uns treiben? Feind erkannt, Gefahr gebannt, wie es so schön heißt.
- Eine völlig aufgewachte Nation würde sicher anders mit der Umwelt umgehen, mit seinen Mitmenschen, den Tieren und mit der Natur ganz allgemein. Wir könnten eine Kultur schaffen, die durch umweltschonende Zusammenarbeit irgendwann in der Lage wäre, den Weltraum wirklich zu erobern und nicht nur so tun als ob, wie das im Moment der Fall zu sein scheint. Andererseits, wenn wir geistig uns so entwickeln, wie das manche spirituelle Lehrer vorleben, brauchen wir die körperlichen Reisen zu anderen Welten (oder gar Dimensionen) gar nicht unbedingt. Wir könnten uns die Welten mit unserem Geist ansehen.

---

[1] Kelp ist eine pazifische Meeralge, die viele wichtige Mineralien und Spurenelemente, vor allem Jod enthält.

12. Allgemeine Hinweise

Das Allerwichtigste, was Sie beachten müssen, ist, dass Sie sich auch die Zeit nehmen, Ihren Körper wieder fit zu bekommen. Legen Sie Ihre Prioritäten neu fest. Schränken Sie vor allem die Freizeitaktivitäten für ein paar Monate ein, um Zeit für die unten beschriebenen Maßnahmen zu gewinnen.
Der moderne Stress führt uns meist zu dem Schluss, dass keine Zeit bleibt um sich um seinen Körper zu kümmern. Sind Sie jedoch so krank, so dass Sie Ihre Arbeit nicht mehr ausführen können, sind Sie ohnehin gezwungen sich die Zeit zu nehmen, und oft ist hinterher das Lebensgefühl trotzdem eingeschränkt, weil man glaubt, einige der Beschwerden nie mehr loszuwerden.
Es gibt immer auch seelische Ursachen für Krankheiten, wie schon erwähnt. Entzündungen beispielsweise zeigen auf, dass der Betreffende mit Wut geladen ist und diese sich in dem Entzündungskampf widerspiegelt. Herzprobleme zeigen lang unterdrückte emotionale Zustände auf usw. Hier ist das kleine Büchlein von Loise L. Hay *Heile deinen Körper – seelisch-geistige Gründe für körperliche Krankheiten* recht hilfreich. Arbeiten Sie parallel damit, wenn Sie die Entsäuerungskur machen und sie werden verblüfft feststellen wir stark sich unser emotionaler Zustand wirklich auf den Körper auswirkt.
Hier erfahren Sie nun, wie Sie konkret vorgehen müssen, um die krankmachenden Stoffe aus dem Körper zu entfernen. Bedenken Sie jedoch, dass jeder für seinen Körper und damit für seine Gesundheit selbst verantwortlich ist. Sollten Sie bemerken, dass eine Maßnahme nicht anschlägt, unangenehm ist, oder sogar zu schaden scheint, dann lassen Sie sie weg. Jeder Körper reagiert anders und hat eine andere Zellstruktur. Das liegt an den unterschiedlichen Einflüssen, denen er ausgesetzt ist. Keine zwei Leute machen in ihrem Leben die gleichen Erfahrungen und haben daher auch nicht die gleichen Abfallstoffe im Körper. Um das deutlicher herauszustellen muss uns klar sein, wodurch Säuren im Körper produziert werden. Da ist zum einen natürlich das, was wir essen und trinken. Hier gibt es einschlägige Tabellen, die aufzeigen, was Säuren im Körper bildet und was Basen (das Gegenteil von Säuren). Generell kann man jedoch sagen, dass Obst und Gemüse basenbildend wirkt. Hier gibt es allerdings auch ein paar wenige Ausnahmen wie Rosenkohl und Chiccoreé. Aber selbst hierbei sind sich die Wissenschaftler nicht einig.
Säuren bilden sich durch die Verstoffwechselung im Körper. Basen müssen immer zugeführt werden.

Welche Säure wird nun bei welchem Nahrungsmittel gebildet?

Fleisch, Essigsäure, Süßwaren, schlechte Fette, Light-Getränke	Harnsäure
Kaffee und schwarzer Tee	Gerb- und Salzsäure
Übertriebene Muskeltätigkeit, Acetylsalizylsäure aus Schmerztabletten	Milchsäure
Schweinefleisch und Zurückhalten v. Winden	Schwefelsäure

Pökelfleisch, Käse	Salpetersäure
Spinat, Rhabarber, Kakao (Schokolade)	Oxalsäure
Stress, Lärm, Umweltgifte, schlechte Gefühle	Säuren aller Arten in großer Menge

Fleisch, Zucker, koffeinhaltige Getränke, Milch und Milchprodukte wirken auf jeden Fall säurebildend. Übrigens gab es in der Antike folgende Todesstrafe: Der Inhaftierte erhielt drei Wochen lang nur Muskelfleisch eines Tieres. Dann konnte man sich die Kosten einer Exekution ersparen.

Das Eidotter ist übrigens basisch, wogegen das Eiweiß wieder Säuren bildet.

Ein gewisses Maß an Säure benötigt der Körper jedoch auch. Der Magen könnte beispielsweise ohne Salzsäure seine Verdauungsaufgabe nicht erledigen, aber ein Zuviel macht krank und vor diesem Dilemma stehen wir heute. Eine Ernährung in Verhältnis 4 (basenbildend) : 1 (säurebildend) gilt als optimal. Will man jedoch seine Säuren erst einmal loswerden, so wirkt eine überwiegend basische Ernährung abkürzend, denn jede Säure, die man während der Entsäuerungskur zu sich nimmt, muss ebenfalls wieder abgebaut werden und das kostet wieder Zeit.

Weiterhin wirken alle Umweltgifte säurebildend. Hat man beispielsweise vor, einen Zaun zu streichen, so sollte man vorher Mineralien zu sich nehmen, um die eingeatmeten Gifte gleich wieder binden und entfernen zu können. Umweltgifte kann man oft nicht vermeiden, daher sollte (und kann) man entsprechende Gegenmaßnahmen treffen, indem man einfach generell mit genügend Mineralien vorbeugt.

Ein ungemein wichtiger Faktor, der zu Säurebildung führt, ist der Stress. Führt man ein an sich gesundes Leben, ernährt sich richtig, treibt Sport usw. und wird trotzdem krank (oder „nur“ übergewichtig), so ist das meist stressbedingt. Wir haben heute eine 100.000-fache Stressbelastung als vor 100 Jahren! (Aussage des Arztes Dr. Heinz Reinwald in seinem Vortrag zur Übersäuerung in Würzbug am 04. Juni 2003) Kann man ihn nicht abstellen – und es ist oft so, dass wir uns den Stress auch selbst machen – dann kann man auch hier Vorsorge treffen, bzw. die schon angesammelten Gifte im Körper wenigstens wieder loswerden.

So unglaublich es klingt, doch auch das Fernsehen bildet Säuren und zwar durch die Frequenzen, die auf unser Herz einströmen. Auch das erwähnte Dr. Reinwald in seinem Vortrag

Ein Punkt, den ich für sehr wichtig halte, der aber in der modernen Gesellschaft weitestgehend ignoriert wird, ist der, dass sich auch schlechte Gefühle wie Neid, Zorn, Hass oder auch Trauer usw. säurebildend auswirken. Es ist also nicht nur so, dass wir oft schlechte Laune haben und sauer sind, weil wir zu viel Säuren (bzw. in gebundener Form Salze) in unserem Körper lagern (oh ja, das kann daher kommen), sondern auch umgekehrt. Das soll aber nun nicht heißen, dass wir alle unsere Gefühle unterdrücken müssen, das tun wir sowieso schon viel zu sehr, aber man sollte sich zumindest über die Konsequenzen klar sein, die negative Gefühle auf die eigene Gesundheit haben, und daran arbeiten sie zumindest einzudämmen. Ganz abgesehen davon, dass man mit Gefühlen auch Energien aussendet, die sich wiederum auf andere auswirken können.

Auch zu wenig Schlaf und zu wenig Bewegung lässt den Säurepegel steigen. Zu wenig Bewegung führt außerdem dazu, dass der Stoffwechsel einschläft und dann lässt die Fettverbrennung nach, wir nehmen noch weiter zu. Übergewicht ist damit auch oft eine Folge von Übersäuerung. Es sind ja Säuren, die den Körper belasten. Sie könnten uns von innen her verbrennen, daher werden sie mit Wasser verdünnt (Wassereinlagerung, Gewichtszunahme) und durch Mineralien gebunden und damit neutralisiert. Darum sind die Mineralien so wichtig. Nur sie sind in der Lage die Säuren zu binden, damit sie überhaupt aus dem Körper transportiert werden können. Das Transportmittel dafür sind die Vitamine und diese sind daher genauso wichtig für die Entsäuerung. Vitamine, Mineralien und Spurenelemente bilden also die Säulen, auf denen wir einen gesunden Körper aufbauen wollen, können und auch müssen.
Jeder Mensch hat seine eigenen Vorlieben und Schwächen und unsere heutige Gesellschaftsform ermutigt uns diesen Dingen auch nachzugeben, vor allem auch durch die Fülle an (stressigen) Freitzeit-Angeboten und denen in den Supermärkten. Leider ist nur das Wenigste davon auch gut für uns, und so hat sich eine Gesellschaft herausgebildet, in der kaum einer noch „Nein" sagen kann und darum auch nicht mehr vollkommen gesund ist. Das liegt zum Teil an der Art der Herstellung unserer Lebensmittel, zum Teil daran, dass unseren Feldern keine Zeit zur Erholung gegönnt wird. Die Ursachen sind vielfältiger Natur. Es läuft letztlich jedenfalls darauf hinaus, dass unsere Lebensweise es mit sich bringt, dass wir zu wenige Mineralien, Spurenelemente und Vitamine in unserem Körper vorfinden, und das in einer Zeit, in der wir sie viel dringender bräuchten als früher. Der Bedarf an diesen so genannten Vitalstoffen steigt also ständig, während ihr Gehalt in unserer Nahrung gleichzeitig rapide abnimmt. Sei es durch lange Lieferwege, zu lange Lagerung oder gar schon mangelhafte Herstellung.
Selbst wenn wir hauptsächlich Obst und Gemüse essen, reichen die darin enthaltenen Vitalstoffe nicht mehr aus, um uns optimal zu versorgen. Jeder der etwas anderes behauptet, soll mal einige Zeit nur von Obst und Gemüse (aus unseren Supermärkten) leben und dann seinen Körper untersuchen lassen.
Wir müssen die Vitalstoffe daher zusätzlich einnehmen. Ganz besonders wichtig ist dies, wenn wir die Abfälle aus dem Körper schwemmen wollen, die sich so lange Zeit angesammelt haben und nur darauf warten endlich entsorgt zu werden. Es ist also ein Programm erforderlich, wie man sich schrittweise von diesen Abfällen befreien und gleichzeitig eine neue Lebensweise angewöhnen kann.

Gehen wir daher auch schrittweise vor.

13. Entsäuerung in 10 Schritten:

1. Schritt: Machen Sie eine Bestandsaufnahme

Werden Sie sich erst einmal Ihres körperlichen Zustandes bewusst. Machen Sie sich eine Liste, all der Beschwerden und Krankheiten, die Sie bereits haben und wieder loswerden wollen. Von A wie Altersflecken über D wie Diabetes, K wie Krebs, O wie Osteoporose bis Z wie Zahnfleischbluten. Sie werden sehen, dass Ihnen einiges erst mit der Zeit auffällt und Sie die Liste nach und nach ergänzen müssen, da Ihnen vieles momentan gar nicht bewusst ist. Selbst meine Liste, die ich für das erste Buch erstellte, habe ich für diesen Teil II noch einmal ergänzt. Man hat sich an einige Dinge auch schon so gewöhnt, dass man sie für selbstverständlich hält und gar nicht mehr darüber nachdenkt, dass man sie nicht hatte, als man jung war.

Jedes Mal, wenn ein Symptom, ein so genanntes „Zipperlein“ oder eine ganze Krankheit verschwunden ist, streichen Sie es genüsslich mit einem Rotstift aus der Liste.

Im Anhang finden Sie eine Tabelle, die Sie verwenden können.
Meine Liste sah vor zwei Jahren so aus:

Meine Bestandsaufnahme	
Beschwerden vor Beginn der Entsäuerung von A – Z	**Beschwerden *nach* 2,5 Jahren intensiver Entsäuerung von A – Z**
Alterfleck an der Stirn	~~Alterfleck an der Stirn~~
Blutdruck, zu niedirg	~~Blutdruck, zu niedirg~~
Blutschwämmchen	Blutschwämmchen (Überzuckerungsymptom)
Brüchige Fingernägel	~~Brüchige Fingernägel~~
Chronische Verstopfung	~~Chronische Verstopfung~~
Brüchige Mittelfußknochen	~~Brüchige Mittelfußknochen~~
Haarausfall	~~Haarausfall~~
Hämorriden	~~Hämorriden~~
Häufige Muskelverspannungen	~~Häufige Muskelverspannungen~~
Jucken: Der Kopfhaut	~~Der Kopfhaut~~
Jucken: Der Schienbeine	~~Der Schienbeine~~
Jucken: Pieksen in den Fußsohlen	~~Pieksen in den Fußsohlen~~
Jucken: Der Hände, mehrmals zum Notarzt	~~Der Hände, mehrmals zum Notarzt~~
Jucken: Beim Tragen von U-Wäsche	~~Jucken: Beim Tragen von U-Wäsche~~
Jucken: Beim Duschen	~~Jucken: Beim Duschen~~
Knieprobleme	~~Knieprobleme~~
Kopfschmerzen	Kopfschmerzen (Überzuckerungssym-

	ptom)
Körpergeruch	~~Körpergeruch~~
Krampfadern	Krampfadern
Leichte Reizbarkeit	~~Leichte Reizbarkeit~~
Mittelfußknochen kurz vor dem Durchbrechen	~~Mittelfußknochen kurz vor dem Durchbrechen~~
Periode 10 Tage lang	~~Periode 10 Tage lang~~
Rückenschmerzen	Rückenschmerzen
Schlecht heilende Wunden	~~Schlecht heilende Wunden~~
Schwaches Bindegewebe	~~Schwaches Bindegewebe~~
Schwaches Immunsystem	~~Schwaches Immunsystem~~
Sonnenallergie	~~Sonnenallergie~~
Übergewicht	~~Übergewicht~~
Übermäßiges Schwitzen	~~Übermäßiges Schwitzen~~
Unverträglichkeit der Kontaktlinsen	~~Unverträglichkeit der Kontaktlinsen~~
Vorzeitiges Ergrauen der Haare	Vorzeitiges Ergrauen der Haare
Weiße Flecken auf den Fingernägeln	~~Weiße Flecken auf den Fingernägeln~~
Zahnfleischbluten	~~Zahnfleischbluten~~

Seit meiner Entsäuerungskur sind die meisten der Beschwerden verschwunden. Da ich versuche nun so viel Rohkost wie möglich zu essen, erhalte ich vielleicht meine alte Haarfarbe zurück.

Gehört Übergewicht mit zu den lästigen Übeln, die Sie loswerden wollen? Dann hilft Ihnen die Tabelle im Anhang einen Überblick über die Fortschritte zu behalten. Messen Sie nur einmal (!) in der Woche Ihr Gewicht, sonst setzen Sie sich zu sehr unter Druck. Die Gewichtsabnahme ist kein Ziel bei der Entsäuerung, erfolgt aber automatisch. Sie geht bei der Entsäuerung auch nicht schnell, dafür aber kontinuierlich und damit auf gesunde Weise vor sich. So kann sich das Gewebe auch mit zurückbilden und es bleiben keine Falten zurück. Die ganze Kur soll doch auch mit Vergnügen verbunden und keine Quälerei sein und Ihnen keine Schreie beim Anblick im Spiegel entlocken.

Übrigens gibt es keinen korpulenten Menschen, der älter als 100 Jahre ist. Mit Übergewicht ist noch nicht mal unbedingt die erschreckende Zahl auf der Waage gemeint, sondern der Fettanteil in den Zellen. Obwohl ich gerade mal 53 kg bei einer Größe von 1,55 auf die Waage bringe, zeigt die Fettmesswaage an, dass ich korpulent bin. (Was glauben Sie, wie entsetzt ich darüber war?) Der Fettanteil in der Zusammensetzung meiner Zellen ist also noch viel zu hoch. Eine Folge meiner jahrelangen Ernährungssünden. Bei einem Gewicht zwischen 51 und 52 KG wurde der Wert jedoch endlich normal.

Viele Menschen benutzen heute jede Menge Sprays und andere Mittel um den Schweiß und den damit verbundenen Geruch zu absorbieren. Schweiß ist eine natürliche und nützliche Sache, dabei schwitzen wir viel mehr, wenn wir übersäuert sind. Reinigen wir den Körper, vermindert sich das Schwitzen auf ein sehr geringes Maß. Und der angenehme Nebeneffekt ist, dass es nicht mehr stinkt! Ein gereinigter Körper hat die Reinigungsmöglichkeit über die Haut nicht mehr nötig.

Dr. Reinwald, den ich schon erwähnte, erzählte in seinem Vortrag, dass ihn schon vor 20 Jahren ein Südamerikaner darauf angesprochen hatte, dass die Deutschen ganz allgemein stinken. Kein schöner Ruf, oder?

Doch sollte klar sein: Während einer Reinigung werden die Gifte, vor allem das nicht verstoffwechselte, sondern nur eingelagerte tierische Eiweiß ausgeschwemmt. Wie riecht Fleisch, wenn es verdirbt? Genau so riecht dann auch der Körper. Kann man den Beginn seiner Entsäuerungskur nicht in den Urlaub legen, sollte man daher vielleicht die Arbeitskollegen warnen und um Verständnis bitten. Auch die Deosprays, werden den Körpergeruch nicht völlig überdecken können, ganz abgesehen davon, dass Sie während einer derartigen Kur das Schwitzen gar nicht unterdrücken sollten, denn die Gifte sollen ja raus! Wenn es zu schlimm wird, verlangsamen Sie das Tempo, dann regelt es sich wieder.

2. Schritt: Messung des pH-Wertes

Einkaufsliste
Säuremessstreifen 100 Stck (5,34 €)

Leider kann der Körper nur eine begrenzte Menge an Säuren auf einmal loswerden. Engpass ist hier das Blut dessen pH-Wert (das ist der Messwert für den Grad der sauren bzw. basischen Reaktion eines Stoffes) nur eine Schwankungsbreite zw. 7,35 und 7,45 zulässt. Ab einem pH-Wert von sieben ist die Flüssigkeit basisch. Sieben selbst ist neutral. Alles was unter sieben liegt ist sauer und zwar logarithmisch. Ein Wert von sechs ist damit zehnmal schlechter als sieben und ein Wert von fünf 100 Mal schlechter als der von sechs. Ein Wert von 8 ist dagegen wieder 10 mal besser als der Wert sieben.
Als zweiten Schritt besorgen Sie sich aus der Apotheke ein Päckchen mit Säuremessstreifen zur Messung des pH-Wertes im Urin. Der Urin ist für Ihre Entsäuerungskur eine Art Messlatte. Allerdings gibt der pH-Wert nur Anhaltspunkte. Wer es genau wissen will, sollte seinen Aziditätsquotienten (Verhältnis von Säuren zu Basen) im Labor messen lassen.
Um eine Entsäuerungskur durchzuführen sind aber die selbst gemessenen Werte hilfreich. Messen Sie nun morgens (vor dem Frühstück) mittags (nach dem Mittagessen), nachmittags und abends vor dem Schlafengehen ihren pH-Wert, indem Sie den Messstreifen in den Mittelstrahl des Urins (also nicht gleich die ersten Tropfen nehmen, aber auch nicht die letzten) halten. Der Körper unterliegt Säure- und Basenfluten.
Führen Sie diese Messungen ca. eine Woche lang durch, bis Sie selbst gesehen haben, wie in etwa Ihre Situation aussieht. Dabei können folgende Ergebnisse herauskommen:
1) Werte morgens, mittags und abends leicht sauer, nachmittags basisch. Sind Sie nicht oder nur wenig übersäuert, so sollten die Werte morgens (wegen der nächtlichen Entsäuerungstätigkeit des Organismus) und auch mittags (wegen der Verarbeitung der Mahlzeit) leicht im sauren Bereich sein. Die nachmittägliche Messung (ca. 15.00 Uhr Winterzeit) sollte einen deutlich basischen Wert ergeben, weil zu dieser Zeit eine Basenflut durch den Körper fließt. Abends darf er wieder leicht sauer sein.
2) Alle Werte im sauren Bereich = Säurestarre. Hier ist kaum eine Schwankung des Wertes festzustellen. Das liegt daran, dass die Nieren der Säuremengen nicht mehr Herr werden und die Säuren nur noch durch Diffusion ausgeschieden werden können. Dann sind nämlich die alkalischen Reserven schon ziemlich aufgebraucht und es liegt eine Übersäuerung vor.
Die Folgen sind ständig steigendes Übergewicht (Einlagerung von Säuren), Diabetes und Schlimmeres. Hier muß die Säuresperre erst beseitigt werden, bevor der pH-Wert des Urins einen Anhaltspunkt gibt. Das geschieht etwa in der dritten Woche, nachdem Sie mit Schritt 3 fortgefahren sind. Ist das allerdings nicht der Fall, so kann ein klassisches Naturheilmittel zur Nierenanregung nämlich Solidago, die Goldrute, hilfreich sein. Fragen Sie im Reformhaus danach.

3) Immer basische Werte. Das kommt nur sehr selten vor. Entweder ist man dann völlig gesund und hat so viele Basenreserven, dass die abgeführten Säuren kaum messbar sind oder die Niere hat eine völlige „Ausgangssperre“ verhängt, so dass gar keine Säuren mehr durchkommen.
Sind Sie völlig gesund, dann hätten Sie sich für dieses Buch wohl nicht interessiert. Sie kennen Ihren Zustand am Besten und können daher am Ehesten beurteilen, was zutrifft.

1	2	3	4	5	6		=	Säure
7	=	Neutral						
8	9	10	11	12	13	14	=	Base

Je niedriger der Säurewert, desto stärker die Säure, wobei ein Wert von 6,0 (gelb) zehnmal stärker als ein Wert von 7,0 (grün) und 5,0 schon hundert mal stärker als 7,0 ist. Ein Wert von 8,0 wird durch nachtblau angezeigt.

Im Anhang finden Sie auch hier Tabellen, in denen Sie Ihre pH-Werte eintragen können.

Und noch etwas: Hören Sie doch einfach mal in sich hinein, was Ihr Körper Ihnen nach den einzelnen Mahlzeiten oder Getränken mitteilt. Fühlt er sich wohl oder nicht? Haben Sie Sodbrennen nach dem Essen? Dann waren zu viele säurebildende Speisen darunter. Fühlen Sie sich müde oder munter nach einer Mahlzeit? Sie soll ja eigentlich Energie spenden und nicht entziehen, oder? Juckt es an irgendeiner Stelle? Juckreiz ist ein deutliches Anzeichen, eines völlig übersäuerten Gewebes, denn dann versucht der Körper die Haut als eine Art Hilfsniere zu benutzen und drückt die mit Hilfe von Mineralien zu Salzkristallen gebundenen Säuren aus dem Körper, und das juckt nun mal. Besonders eklatant ist es, wenn es hin und wieder an den Fußsohlen juckt, denn durch die Schwerkraft werden die Säuren nach unten in die Beine gedrückt (Raucherbein!). Dann ist der Organismus bereits völlig überfordert und wir müssen ihm helfen den „Dreck“ loszuwerden.
Wir haben verlernt auf die Körpersprache, oder modern ausgedrückt auf die Body-Intelligenz, zu hören. Wir genießen und genießen, nach dem Motto: „Man gönnt sich ja sonst nichts“, dabei vergessen wir, dass es ein Genuss ohne Reue sein sollte. Doch zu viel Genießen macht nun mal krank. Dies in unserer Genuss- und Spaßgesellschaft einzusehen, ist sehr schwer geworden, weil die Werbung und die Leute um uns herum uns nun einmal etwas anderes einreden.
Dabei geht es hier noch nicht einmal nur ums Essen. Zu viele aufregende Erlebnisse (Banji-springen u.ä.) versäuern genauso wie zu viel Lärm. Messen Sie doch mal Ihren Säurewert, vor und nachdem Sie auf der Beerdigung eines Freundes, im Kino oder in der Disco waren.
Kleiner Spartipp: Es reicht, wenn Sie von einem Säuremessstreifen (er ist ca. fünf cm lang) ca. ¼ abreißen, dann hält die Packung viermal so lange.

3. Schritt: Verwöhnen Sie Ihren Körper mit genügend Wasser

Dass man viel Wasser trinken soll, haben Sie sicher schon gehört und es stimmt! Gemeint ist aber keineswegs das mit Kohlensäure versetzte Wasser aus dem Supermarkt, sondern stilles Wasser aus einer Quelle. Erkundigen Sie sich ob es so etwas in Ihrer Nähe gibt. Wenn ja, oh Wunder, werden Sie feststellen, dass es auch heute noch etwas umsonst gibt und das auch noch gesünder ist, als das gekaufte Produkt!

Wasser

- behebt den Sauerstoffmangel im Organismus
- wird als Transportmedium für die auszuschwemmenden Säuren benötigt
- erfrischt, belebt und löscht wirklich Durst
- hat eine fördernde „Schwingung", wenn es gutes Quellwasser ist
- ist die Hauptsubstanz unseres Körpers
- reinigt den Körper innen und außen
- kann energetisch aufgeladen werden, was wieder dem Körper zu Gute kommt
- ist Träger von Informationen, guten wie schlechten
- versäuert Sie nicht, wenn es keine Kohlensäure enthält
- macht Spaß, wenn man darin planscht
- trägt den Körper wie schwerelos
- ist bis zu 90% in Obst enthalten
- fördert die Entsäuerung, wenn man darin turnt (Aquatraining)
- ist der Quell allen Lebens und auch der Gesundheit

Sehen Sie sich in Ihrem Bekanntenkreis einmal um und zählen Sie die Menschen, die ein chronisches Leiden haben, das sie nicht wieder loswerden. Sie werden feststellen, dass das erschreckend viele sind, und erschreckend ist auch, dass Sie diese leidenden Menschen keineswegs nur in der älteren Generation finden, sondern auch in rasant zunehmendem Maße unter den jungen Leuten. Und wer von Ihren kranken Bekannten trinkt ausreichend Wasser? (Kaffee und Tee zählen nicht dazu!) Diese kleine Maßnahme, nämlich ausreichend (2-2,5 L) Wasser trinken, bewirkt schon eine ganze Menge. Sie sollte eigentlich selbstverständlich sein. Ist sie aber nicht.
Eigentlich müsste man es als eigenen Schritt aufzählen, weil es so wichtig ist. Trinken Sie nichts zum Essen!! Jedes Getränk verdünnt die Magensäfte und erschwert oder verhindert sogar die ordnungsgemäße Verdauung der Nahrung. Letztlich führt auch das wieder zur weiteren Versäuerung des Organismus.
Bis etwa 20 Minuten vor dem Essen können Sie noch etwas trinken und dann erst wieder ca. eine Stunde danach. Nur dann ist eine optimale Verdauung gewährleistet.

4. Schritt: Versorgen Sie Ihren Körper mit Mineralien und Vitaminen

Einkaufsliste
Mineralien (ca. 25,50 €) / Reformhaus
Vitamin C (0,69 €) / Supermarkt
oder höherwertiges Vitamin C wie Acerola/ Reformhaus

Der dritte Schritt besteht nun darin, wie in der ersten Woche immer wieder, Ihren pH-Wert zu messen, nur nehmen Sie in dieser Woche ausreichend Mineralien zu sich.
Egal, für welche Mineralien Sie sich entscheiden. Sie sollten morgens, mittags, abends ca. einen Teelöffel (oder bei Kapseln: mindestens drei, eher vier) davon zu sich nehmen, wenn Sie akute Beschwerden (also bereits eine Krankheit) haben. Lassen Sie die Mittagsportion aus, wenn Sie nur vorbeugen oder leichte Beschwerden (wie beispielsweise Zahnfleischbluten) bekämpfen wollen.
Am leichtesten nimmt der Körper pflanzliche Mineralien auf, denn diese wurden durch den Prozess in der Pflanze gelatiert. Auch wenn die Mineralien so winzig sind, dass Sie gleich in die Zellen aufgenommen werden können findet eine optimale Verwertung statt. Bei Gesteinsmineralien tut sich der Körper schwerer, es funktioniert aber ebenfalls.

An Mineralien gibt es eine reiche Auswahl hier einige davon:
Schindele´s Mineralien (in Kapselform, da der Staub sich sonst zwischen den Zähne absetzen kann und das Zahnfleisch sich entzündet)
Bezugsquelle: Reformhaus. 250 Kapseln entsprechen ca. 350 g Nettogewicht und kosten 25,51 € (stand Februar 2003).
Die große Packung der Schindele´s Mineralienkapseln reicht bei Einnahme von 12 Kapseln am Tag 20 Tage. Bei Einnahme von 8 Kapseln sind es 31 Tage.
Basica, das auf Milchzuckerbasis aufgebaut ist, **Bezugsquelle:** Reformhaus. Die große Packung mit 1000 g kostet 26,95 € (stand Februar 2003).
Dann gibt es noch eine hervorragende Mineralienmischung aus der Sango-Koralle, nämlich SanCoral. Hierbei handelt es sich um von Wellen zerriebene Korallen, die rings um Okinawa wachsen und Natrium, Kalium, Calcium und Magnesium 69 lebenswichtige Spurenelemente in ionisierter Form aufweisen. In ihrer Zusammensetzung ähneln sie dem menschlichen Skelett und dem Fruchtwasser in einer bestimmten Zeit der Kindesentwicklung.[9] Sie gelangen direkt in die Zellen, ohne verstoffwechselt zu werden und sorgen dort für den Abtransport der Abfälle.

Auf Okinawa lebt offiziell der älteste Mensch (115) der Erde und auch insgesamt wird die Bevölkerung dort sehr alt und das bei hervorragender Gesundheit. Diese Menschen nehmen ständig diese Mineralien zu sich. Sie sind in der Luft, im Wasser, im Essen, einfach überall und das schenkt ihnen die hervorragende Gesundheit. Die Korallen werden unter staatlicher Aufsicht vom Meeresboden aufgesaugt, ohne das Riff zu beschädigen.

Bezugsquelle:
www.Sancoral.de
Sancoral GmbH
Quettingerstr. 210
51381 Leverkusen
Fax: 3021711760038
Hier kostet eine Packung mit 15 Tüten á 6 Portionen 49,- € plus Versandkosten. Man gibt eine Portion in ein Liter Wasser (es diffundiert) und trinkt es über den Tag verteilt.

Ein weiteres Produkt sorgt derzeit für Furore. Es heißt **Megamin** und wird durch das Zermalen und Polarisieren des vulkanischen Gesteins Zeolith gewonnen. Es handelt sich dabei um biologisch aktive Nano-Teilchen, die vor allem bei Krebs-, Diabetes-, Arteriosklerose- und Herzinfarktpatienten erstaunliche Heilerfolge aufweisen sollen, aber auch bei allen anderen Krankheiten Anwendung findet. **Bezugsquelle:**
www.oneworldtools.de oder
Megamin GmbH
Siemensstr. 26
10551 Berlin
Tel.: 390 377 05
Fax: 390 377 07
Hier kostet die kleinste Packung mit 150 Kapseln (ca. 500 mg) 61,- € plus Versandkosten.

Ganz besonders wichtig ist es, alle Mineralien zusammen mit einer hohen Dosis Vitamin C oder anderer Vitamine (z.B. als Brausetablette gleich in der Flüssigkeit, die man zum Schlucken benötigt) einzunehmen, denn erst die Vitamine ermöglichen den Transport zu und die Verarbeitung der Mineralien in den Zellen.

Eine optimale Mischung aus Mineralien, Spurenelementen und Vitaminen bietet das Programm, das vom Linus Paulig University Health Club vertrieben wird. Hierbei kommt man auf ca. 170,- € pro Monat. Das ist nicht gerade billig, dafür, wie gesagt, eine optimale Mischung.
Bezugsquelle:
Linus Paulig University Health Club
www.lpu.org.
122 High Road, London NW 6 4HY, United Kingdom
Tel.: 0044 20 7328 1515
Fax: 0044 20 7328 1666

Mineralien und Spurenelemente besitzt auch unser Körper, und auf die greift er zurück, wenn er nicht genügend von außen zugeführt bekommt. Basen (Sie enthalten eben diese Mineralien und Spurenelemente) müssen immer von außen eingebracht werden, während sich Säuren automatisch im Körper durch die Verstoffwechselung der Nahrung und allem was auf den Organismus einwirkt, bilden. Erhält der Körper nun nicht ausreichend dieser Vitalstoffe, so nimmt er sie sich aus den körpereigenen Depots im Haarboden (Haaraus-

fall, graues Haar), aus dem Nagelbett (weiße Stellen auf den Fingernägeln) und letztlich aus den Knochen (Osteoporose) und Zellen („böses“ Cholesterin, Alterung).
Haben Sie eine zeitlang Mineralien zu sich genommen, dann vergleichen Sie Ihren pH-Wert mit denen der vorherigen Woche und Sie werden schon eine deutliche Verbesserung sehen. Sind nun ausreichend Mineralien im Körper, so kann man mit dem nächsten Schritt weitermachen.
Es ist nicht ganz billig, seinen Körper zu entsäuern, aber Krankheiten kosten mehr (selbst wenn man Kassenpatient ist) und sie machen das Leben nicht gerade lebenswert. Außerdem sollte man eines bedenken:

Wenn die Rate an Krebspatienten weiterhin so steigt, wie in den letzten Jahren, wird im Jahre 2010 jeder Bundesbürger einmal im Leben mit dem Thema Krebs konfrontiert gewesen sein.

Lassen Sie es nicht so weit kommen! Krebs gedeiht nur im sauren Milieu!

Schwemmen wir die Säuren aus dem Körper, hat der Krebs und auch die meisten anderen Krankheiten keine Chance!

5. Schritt: Säuren über Salzsocken aus dem Körper ziehen

Einkaufsliste
Alexandersalz (kristallines Salz aus dem Himalaya (ca.8 €/kg) / Reformhaus
Es gibt auch günstigere Bezugsquellen Sehen Sie sich im Internet um (ca. 2€/kg)

Sie haben nun an Hand des pH-Wertes gesehen, dass Sie etwas unternehmen müssen und auch können. Nachdem die Säuren durch die Mineralien chemisch gebunden sind, müssen Sie nur noch aus dem Körper entfernt werden. Das dauert umso länger je mehr Sie „versäuert" sind. Eine Entsäuerungskur ist ein Langzeitprogramm und nichts für Leute, die schnell aufgeben und schnelle Ergebnisse sehen wollen.

Wer sich jahrzehntelang „vergiftet" hat, kann die Giftstoffe nicht in einer Woche loswerden. Das sollte unbedingt klar sein.

An der Ernährung müssen Sie zu diesem Zeitpunkt noch nichts ändern, Sie können jedoch Schritt vier mit Schritt sieben und acht kombinieren. Die Erfahrung zeigt jedoch, dass man nicht zu viel auf einmal anfangen sollte, da man sonst schnell die Lust verliert weiter zu machen. Bei akuter Notlage sollte man allerdings unbedingt beschleunigen.
Bereiten Sie aus dem Alexandersalz (das ist kristallines Salz aus dem Himalaya mit einem hohen Mineralienanteil und garantiert ohne moderne Giftstoffe, da es viele Millionen Jahre alt ist) eine Sole indem Sie einige Brocken in einen Behälter mit Wasser geben und das Salz sich über Nacht auflösen lassen. Wenn noch Reste im Behälter sind, dann ist die Sole gesättigt und Sie können die Brocken herausnehmen und beim nächsten Mal mit verwenden. Abends: Tauchen Sie nun ein paar Baumwollsocken in diese Sole, wringen Sie sie aus und ziehen Sie sie an. Streifen Sie nun ein paar warme Wollsocken darüber, damit Sie nicht frieren und gehen Sie ins Bett und schlafen.
Der Gummi beider Sockenpaare sollte keinen Rand auf der Haut hinterlassen, denn der Druck (Anregung der Lymphe!) führt dazu, dass an dieser Stelle besonders viele Säuren austreten und blutende Wunden entstehen können. Ich habe das selbst bei meinem jüngsten Sohn erlebt, der darauf natürlich keine große Lust mehr verspürte, das noch mal zu wiederholen. Es sind ja immerhin Säuren, die wir aus dem Körper entfernen.
Über die feuchten Socken dringt nun das Himalayasalz in die Haut und damit ins Blut ein und wird überall verteilt. Säuredepots können auf diese Weise nach und nach abgebaut werden, denn die Mineralien in dem Salz binden sie und werden über das Blut wieder zur Haut transportiert und ausgeschieden. Das kann einen Juckreiz ausüben und zwar überall da, wo Depots sind, also nicht nur an den Füßen.
Die Säuren werden durch die Mineralien des Alexandersalzes (basisch) quasi aus dem Körper gezogen und da sie die ganze Nacht wirken, ist der Langzeiteffekt erheblich. In der Regel kann man aber trotzdem schlafen. Ist man sehr „versäuert" kann es allerdings

durchaus zu Schlafstörungen kommen. Es wäre daher günstig, den Beginn der Entsäuerung in einen Urlaub oder auf das Wochenende zu verlegen. Bis die Säurespitzen abgebaut sind, dauert es einige Wochen. Es kommt auf den Grad der Versäuerung an und auch auf die Häufigkeit mit der Sie die Salzsocken oder die Bäder (Schritt 6) anwenden.
Eine Alternative wäre, die Socken tagsüber zu tragen, wenn man nicht zur Arbeit muss. Da stört der Juckreiz nicht so sehr und man kann die Nachtruhe genießen. Ideal ist es allerdings nachts im Bett, weil man dann warm eingepackt ist und damit verringert sich das Risiko einer Erkältung. Arbeiten Sie beispielsweise zu Hause am Computer für mehrere Stunden, können Sie auch da Salzsocken tragen.
Wenn Sie keinen Juckreiz spüren, kann es daran liegen, dass Sie einfach nicht empfindlich sind oder aber, dass die Lymphe erst wieder lernen muss, dass sie nun über die Haut entsäuern darf. Das kann unter Umständen einige Wochen dauern, wie ich bei einer Freundin beobachten konnte. Allerdings waren es hier nicht die Salzsocken, die nicht wirkten, sondern die unter Schritt 5 aufgeführten Bäder, die erst nach einigen Wochen ein Ergebnis brachten. Sie hatte allerdings auch schon eine Bauchspeicheldrüsenoperation hinter sich und erhebliche Gewichtsprobleme. Als die Freundin jedoch nachts die Salzsocken anzog, hielt sie es nur vier Stunden aus, da es einfach zu sehr juckte und sie irgendwann auch schlafen wollte.

Sobald Sie die Socken ausziehen, dauert es etwa eine halbe Stunde, dann hört der Juckreiz (bzw. das Entfernen der Säuren) wieder auf. Tun Sie das erst morgens, wenn die Socken ohnehin trocken sind, werden Sie schon nichts mehr merken.
Im Alexandersalz sind besonders viele Mineralien enthalten, so dass man dabei eigentlich keine zusätzlichen einnehmen muss. Da wir aber tagsüber oft Stress oder sonstigen Umwelteinflüssen ausgesetzt sind, sollte man trotzdem welche schlucken vor allem, wenn Sie zu diesem Zeitpunkt Ihre Ernährung noch nicht geändert haben.
Der Juckreiz tritt übrigens vorwiegend an den Druckstellen des Körpers auf, nicht nur an den Füßen. Beispielsweise auf den Hautflächen auf denen Sie während der Nacht aufliegen oder auf denen Sie sitzen. Aber auch an anderen Stellen (BH-Zone) kann es jucken.
Wollen Sie durch die Entsäuerung in erster Linie abnehmen, sollten Sie die Bäder bevorzugen. Dabei verliert man das meiste Gewicht. Auch wer mit Hautunreinheiten kämpft ist mit den Bädern besser bedient.
Je nachdem wie dringend es für Sie ist, können Sie die Socken beispielsweise Dienstag- und Donnerstagnacht anziehen. Das Wochenende wäre dann für Schritt 5 reserviert, bei dem man Zeit benötigt.
Ich habe einen Dauertest durchgeführt und 6 Wochen lang jede Nacht Salzsocken angezogen. Das war aber zu lang. Weil die Füße dabei ständig feucht waren, bekam ich dann Fußpilz. Das kann bei Leuten, die schon ein angeschlagenes Immunsystem haben noch viel schneller gehen. Es gibt für alles eben Grenzen. Außerdem werden die Füße schrumpelig, aber das vergeht wieder. Man sollte also immer wieder den Füßen ein paar Tage Ruhe gönnen.
Über die Füße kann man vielleicht deshalb die Abfälle so gut herausholen, weil der „Dreck“ sich durch die Schwerkraft ohnehin in den Beinen sammelt (Cellulite!).

6. Schritt: Säuren über basische Bäder aus dem Körper ziehen

Einkaufsliste
Kernseife oder sonstige **nicht** pH-neutrale Seife
oder günstiges Alexandersalz
oder „Meine Base“ von Orgon

Die Salzsocken sind ideal für diejenigen, die nicht gerne baden oder unter chronischer Zeitnot leiden. Für die Übrigen ist die folgende Methode sicher sehr angenehm: Füllen Sie eine Badewanne mit der von Ihnen gewohnten Temperatur voll Wasser. Werfen Sie die Seife hinein und lösen Sie davon so viel ab, dass das Wasser gut trüb aussieht, und nehmen Sie sie dann wieder heraus. Eine Mengenangabe ist hier schwierig, da man die Seife ja abreiben muss. Wie gesagt, das ganze Wasser muss sehr undurchsichtig werden. Bildet sich ein weißer Seifenrand, ist es auf jeden Fall genug. Wer es genau wissen will, kann einen Säuremessstreifen in das Wasser halten. Er muss dunkelgrün bis blau (8,0 und mehr) werden.
Mit der Badewanne voll Seifenwasser schafft man eine basische Umgebung. Nun legt man sich für ein bis zwei Stunden (wer will auch länger) hinein. Es muss so lange sein, da der Körper eine Weile braucht, um das Drainagesystem anzuregen. Bei vielen von uns ist es fast völlig eingeschlafen. Der Grund dafür ist die saure Körperpflege, denn die jagt die Säuren, die eigentlich über die Haut hinauswollen (schwitzen!), wieder zurück. Legen Sie einmal ein Stück eines Säuremessstreifens in all die Körperpflegeprodukte (auch in das Schaumbad), die Sie zu Hause haben. Hat sich der Streifen bei irgendeinem blau verfärbt? Nein? Nun wundern Sie sich wohl nicht mehr, warum Ihr Organismus verlernt hat über die Haut zu entsäuern. Ihm wird ständig Säure darauf geschmiert! Basen locken die Säuren sozusagen als Gegenmittel zum Schutz der Haut heraus, Säuren jagen sie wieder hinein.

Wichtig ist, wenn Sie im Wasser liegen, dass Sie alle fünf bis zehn Minuten mit einem Waschlappen oder einer Bürste Ihre Haut bürsten, soweit Sie eben hinkommen und zwar immer in Richtung des Herzens.

Das hat zur Folge, dass das oben genannte Drainagesystem, nämlich die Lymphe, ins Fließen kommt. Das Lymphsystem dient als Ableitungs- und Reinigungskanal und kann gleichzeitig Eiweiß, Hormone und Fett zu allen Körperzellen transportieren.
Sind nun ausreichend Mineralien im Körper (also hierbei muss man wieder welche einnehmen, am besten ein paar Stunden vor dem Bad), so schickt der Körper Säuren über die Haut nach draußen um den basischen „Angriff“ auf die Haut abzuwehren. So kommt der so genannte Säureschutzmantel zustande, der eigentlich ein Anzeiger für die Versäuerung des Körpers ist. Der Organismus schickt zum Glück die völlig überflüssigen und krankmachenden Säuren hinaus, da er die sowieso loswerden will und über die Nieren nicht mehr loswerden kann.

Und das ist der große Clou.

Wir nutzen die Haut als eine Art Hilfsniere, was sie auch ist.

Das ist auch bei den Salzsocken der Fall. Für alle, die abnehmen wollen, ist das eine gute Nachricht. Macht man diese Bäder so oft es nur geht (ich badete über Monate täglich!) und lässt an dem betreffenden Tag das Abendessen ausfallen, so kann man einen schlank machenden Effekt beobachten. Das können bis zu 400 Gramm pro Bad sein! Dadurch, dass Sie die Säuren aus dem Körper schaffen, wird auch das durch sie gebundene Wasser frei. Das kann sich darin äußern, dass Sie ab und zu aus der Wanne auf die Toilette müssen und eben der Zeiger der Waage, der immer weiter zurück geht.
Wer will, kann ab und zu Wasser nachlaufen lassen, um die Temperatur zu halten. Nötig ist das nicht unbedingt, da der Schutzmantel, der sich auf der Haut bildet, auch einen wärmehaltenden Effekt hat. Dann muss man aber wieder etwas Seife abreiben, weil die Base ja verdünnt wird.
Wer übrigens Angst hat, dass die Haut schrumpelt, wird überrascht sein, über die wächserne Schutzschicht, die sich nach dem Bad gebildet hat. Insgesamt hat diese „Baderei" eine fantastische Hautverbesserung zur Folge. Deshalb sollte man die Haut auch nicht beim Abtrocknen abrubbeln, sondern sie nur leicht abtupfen.
Hat man eine günstige Bezugsquelle für das Alexandersalz, so kann man ca. 2 kg anstatt der Seife im Badewasser auflösen. Da das etwas dauert, sollte man ca. eine Stunde vor dem Bad heißes Wasser einlassen, damit das Salz Zeit hat, sich aufzulösen und das Wasser nicht zu kalt wird und man später noch darin baden kann.
Der Vorteil ist, dass man nicht noch zusätzlich Mineralien schlucken muss. Aber die Salzbäder gehen trotzdem ganz schön ins Geld. Andererseits soll das Alexandersalz die optimalen Schwingungen zur Entgiftung haben und wer entsprechende Fähigkeiten hat, kann sogar ein Leuchten des Wassers beobachten.
Eine günstige Alternative zum teuren Alexandersalz ist „Meine Base" von der Firma Orgon. Es handelt sich hierbei um eine Mineralienmischung, die von den Leuten entwickelt wurde, die erst bundes- und dann auch weltweit darauf aufmerksam machten, dass praktisch alle Krankheiten auf einen Mineralienmangel einerseits und zu hohen Säurespiegel andererseits beruhen, nämlich Peter Jentschura und Joseph Lohkämper. In Ihrem Buch *Gesundheit durch Entschlackung* gehen Sie ausführlich auf die schlimmsten „Schlackenkrankheiten" ein.
Eine 750g Packung reicht für etwa 5-6 Bäder, ist im Reformhaus erhältlich und kostet derzeit (Februar 2003) 17,50 €. Das sind 3,5 € pro Bad im Vergleich zu 12 € – 15 € pro Bad im Alexandersalz, wenn man es im Reformhaus kaufen muss.

Solange man sehr verschlackt ist und die Auslaugebäder sehr häufig braucht, ist es aus Kostengründen sinnvoll einfach die Seife zu benutzen.

Ich persönlich habe durch die Bäder 10 kg Gewicht verloren. Ich habe allerdings jeden Tag über mehrere Monate entweder eine oder zwei Stunden im Seifenwasser geplanscht.

Und wer glaubt, dass sich das unmöglich einrichten lässt, nun, ich habe die Baderei zwischen 18.00 Uhr und 20.00 Uhr gelegt. Wenn jemand zu dieser Zeit etwas von mir wollte, so musste er zu mir kommen. Auf diese Weise übten die Kinder Vokabeln auf dem Toilettendeckel oder schrieben ihre Nachschrift, bzw. Diktate eben dort. Es schadet nichts, die Entsäuerungskur mit der Familie durchzusprechen, denn die Mitglieder müssen einige Maßnahmen mittragen, vor allem bei Schritt acht und neun, wenn es um eine Änderung der Ernährungsgewohnheiten geht. Ist man alleine, stellt das kein Problem dar, aber innerhalb einer Familie sollten alle einverstanden sein, sonst wird es schwierig.
Wer nicht gerne badet, hat eine Alternative, nämlich Fußbäder. Hier kann man auch wieder entweder das Alexandersalz nehmen, „Meine Base“ von Orgon oder auch wieder Seife. Es gibt auch noch andere Basenbäder, die ich aber noch nicht ausprobiert habe. Das Ergebnis ist das Gleiche wie bei den Vollbädern. Durch die basische Mischung werden die Säuren zu den Füßen geschickt und herausgezogen. Auch hierbei ist es wichtig, dass man die Haut regelmäßig bürstet, um die Drainage in Ganz zu bringen. Aber das Wasser in einer kleinen Wanne wird relativ schnell kalt.
Die begleitende Maßnahme zu meinen Bädern, war der Übergang zur Trennkost und die stelle ich in Schritt acht dar.

7. Schritt: Kristalle aus den Gelenken lösen

Einkaufsliste
Essen wie gewohnt einkaufen
aber die Obst- und Gemüseportionen verdoppeln
Kräutertee

Trinken Sie **Kräutertee**. Kräutertee löst bereits eingelagerte Schlacken aus den Gelenken (Gicht, Rheuma, Arteriosklerose, Arthritis usw.). Diese Schlacken (Kristalle!!) reiben innerhalb der Gelenke. Es kommt zu Schmerzattacken! (Bei Weichteilrheuma sind es die übersäuerten Muskeln die Schmerzen.)
Die so gelösten Schlacken müssen wieder durch Mineralien plus Vitamin C gebunden und dann per Salzsocken oder basischer Bäder aus dem Körper geschwemmt werden. Einem Liter Tee pro Tag muss mindestens die gleiche Menge stilles Wasser gegenüberstehen, damit genügend Flüssigkeit für diese Aufgabe im Organismus vorhanden ist.
Auch hier hat die Firma Orgon eine gute Kräuterteemischung in ihrem Programm, die die Entschlackung unterstützt. Sie ist im Reformhaus erhältlich.
Wechseln Sie die Teesorten alle paar Wochen. Zum einen um Abwechslung im Geschmack zu haben und zum anderen wird dies generell empfohlen, damit nicht immer nur der gleiche Stoff ausgeschwemmt wird, sondern auch andere.
In meinem ersten Buch zur Entsäuerung empfahl ich den Herba Kräutertee. Er wirkt sehr gut und ist dabei sehr preisgünstig. Es ist schon seltsam. Da gibt es ein Produkt, das etwas bewirkt und schon verschwindet es aus den Regalen. Es gibt doch tatsächlich in den Deutschen Gesetzen Vorschriften, dass Nahrungsmittel nicht „wirken" dürfen!
Hier sind die Chinesen weiser. Sie sind der Meinung, dass die Nahrung, die man zu sich nimmt, die beste Medizin ist bzw. sein sollte, denn dann wird Medizin überflüssig. Dem ist eigentlich nichts hinzuzufügen.
Mit dem Herbatee habe ich gute Erfahrungen gemacht und über das Internet kann man ihn immer noch beziehen. Hier ist die Adresse: www.rossmann.de.

8. Schritt: Ernährung nach Trennkostvorschrift

Einkaufsliste
Die Mahlzeiten so planen, dass sie den Trennkostvorschriften entsprechen

Machen Sie sich mit Gedanken vertraut, sich ca. 4 Wochen lang von Trennkost zu ernähren.

Was genau ist nun Trennkost? Das Rezept ist eigentlich recht einfach: Man isst zu seiner Fleischportion keine Kohlehydrate, also keinen Reis, keine Kartoffeln, keine Nudeln und keine Klöße, sondern nur Gemüse und/oder Salat. Oder aber man isst Kohlehydrate und dann aber wieder nur kombiniert mit Salat oder Gemüse.

Wechseln Sie ab: An einem Tag zum Steak nur Salat (keine Nudel- oder Reissalate!), wie zur Grillsaison und am nächsten Tag zum Reis nur Kürbisgemüse oder etwas Ähnliches. Der Phantasie sind hier keine Grenzen gesetzt. Als Alternative zum Fleisch bietet sich natürlich der Fisch an. Allerdings sollte man auch hier bedenken, dass Fisch genauso tierisches Eiweiß enthält wie das Fleisch. Das gilt für alle tierischen Produkte wie Eier, Milch usw.

Es gibt sehr gute Trennkostkochbücher, sie sind aber nicht unbedingt nötig. Wer ohnehin nicht so oft Fleisch isst, braucht natürlich nicht alle zwei Tage Fleisch auf den Speisezettel zu setzen.

Ziel ist natürlich den Fleischkonsum generell zurückzufahren und mehr basische Lebensmittel zu sich zu nehmen.

Ob hinter der Theorie der Trennkost (dass der Körper nicht gleichzeitig Kohlehydrate und Eiweiß verdauen kann und man es daher trennen soll) etwas steckt oder nicht, ist im Prinzip für die Entsäuerung nicht so wichtig. Hier streiten sich die Gelehrten ohnehin noch. Wichtig ist aber, dass man bei dieser Art der Ernährung automatisch mehr Gemüse und Salate abbekommt um die fehlenden Beilagen zu kompensieren. Die Fleischportion sollte man dabei natürlich nicht erhöhen. Mehr Gemüse und Salat bedeutet automatisch mehr Vitalstoffe und daher ist diese Art der Ernährung ideal als Begleitung zur Entsäuerung.

Führen Sie die Trennkost zunächst einmal vier Wochen lang und zwar begleitend zu den Salzsocken und/oder Bädern durch. Sie werden sehen, dass Sie dabei spielend abnehmen. Mit der Zeit sollten dann immer mehr Fleischmahlzeiten durch vegetarische, die meist ohnehin den Trennkostvorschriften entsprechen, ersetzt werden. Eine Gemüsesuppe aus frischem Gemüse mit Kräuterbaguette schmeckt beispielsweise hervorragend und sättigt ebenfalls genügend. Das Kräuterbaguette ist dabei zwar aus Weißmehl, aber in Anbetracht des gesamten Nutzens dieser Art zu essen, kann man es sich einmal gönnen.

Weiter unten sind noch fleischlose Gerichte, die basenbildend wirken, aufgeführt. An Ihnen können Sie sich orientieren.

Nach den vier Wochen (wenn Sie wollen können Sie dies auch verlängern oder verkürzen) ist es Zeit einmal über das Frühstück und den gesamten Tagesablauf nachzudenken.

Ein Brötchen mit Weißmehl, belegt mit Wurst, Käse oder Marmelade, richtet im Körper so viel Schaden an, dass man das den ganzen Tag nicht mehr gutmachen kann, auch wenn man den Rest des Tages völlig gesund lebt. Das sollten Sie bedenken. Es gibt ja auch leckere Alternativen. Sowohl das Weißmehl als auch der weiße Zucker brauchen den körpereigenen Vorrat an Chrom auf! Und Chrommangel führt dann wieder zu (degenerativen) Krankheiten.

9. Schritt: Verzicht auf Genussmittel und tierische Produkte

Zusätzlich zur Trennkost sollte man dazu übergehen, nach und nach auf die Dinge zu verzichten, die Säuren im Körper bilden. Das sind beispielsweise solche wie in unten stehender Tabelle. Zunächst nimmt man sich einen Punkt nach dem anderen in Spalte eins vor, dann geht man in Spalte zwei über und dann auf Spalte drei. Vielleicht im wöchentlichen Rhythmus, denn es ist fast unmöglich von Heute auf Morgen ein nahezu asketisches Leben zu führen. Dazu gehört eine enorme Willenskraft oder sehr großer Leidensdruck. Wenn es geht, lassen Sie alles langsam angehen. Ich persönlich habe zwei Jahre gebraucht, um dorthin zu kommen, wo ich heute stehe. Dabei habe ich alleine ein halbes Jahr gebraucht, um keine Colagetränke mehr zu trinken. Cola oder auch Spezi versäuert gleich viermal: Durch den Zucker, durch das Koffein, durch die Kohlensäure und dann ist das Gebräu ohne Zucker so sauer wie jeder Essig. Messen Sie das mal indem Sie einen Säuremessstreifen in die Cola halten.

Darauf sollte man mit der Zeit verzichten	**Darauf kann ich leicht verzichten**	**Darauf könnte ich hin und wieder verzichten**	**Darauf kann ich nur schwer verzichten**	**Darauf kann ich gar nicht verzichten**
Chips u. ähnliches				
Colagetränke				
Fisch				
Fleisch				
Gebäck				
Kaffee				
Kohlensäurehaltige Getränke				
Light-Getränke				
Milchprodukte wie:				
Käse				
Joghurt				
Sahne				
Milch				
Schokolade				
Schwarzen Tee				
Süßer Brotaufstrich				
Weißmehlprodukte				
Wurst				

Der neunte Schritt besteht auch darin, sich an den Ernährungsplan, den Sie unter Kapitel 15 finden, vier Wochen lang zu halten. Sie werden allerdings feststellen, dass diese Vierwochenkur nur ein Anfang ist und je nach Art der Erkrankung über eine lange Zeit, wenn nicht sogar für immer, weitergeführt werden muss.

10. Schritt: Zusätzliche Maßnahmen

Es gibt eine ganze Reihe von Begleitmaßnahmen, die eine Entsäuerung unterstützen. Suchen Sie sich aus, was Ihnen für Ihre Situation sinnvoll als 10. Schritt (es dürfen auch mehrere gleichzeitig sein) erscheint. Hier muss man die eigene individuelle Situation abschätzen. Wer weiterführende Erläuterungen dazu kennenlernen will, sollte sich das Buch von Ruediger Dahlke, *Wege der Reinigung*, anschaffen, denn dort sind die einzelnen Maßnahmen (mehr als hier) ausführlich dargestellt. Ich möchte hier nur einige Bewährte anreißen.

Wer erkannt hat, wie wichtig Rituale in unserem Leben sind, könnte seinen Tag mit dem so genannten **Ölziehen** beginnen.

1) Ruediger Dahlke empfiehlt **Fasten** als perfekte Entsäuerungsmaßnahme. Hier muss man allerdings einige Regeln beachten. Dazu gibt es gute Bücher. Eine Grundregel ist allerdings auch hier: Ausreichend Mineralien im Körper haben, um die freiwerdenden Säuren auch binden zu können, genügend Trinken und am besten noch die Bäder und die Socken dazu, denn beim Fasten wird eine sehr große Menge an Säuren sehr schnell freigesetzt, die entfernt werden müssen. Hält man sich daran, kann man die sogenannte Fastenkrise verhindern.

2) Wie bereits hinreichend bekannt, sind **Obst-, Kartoffel- und Reistage** fettreduzierend. Sie wirken zusätzlich auch entschlackend.

3) Ein guter Anfang für eine Entsäuerung ist die **Darmreinigung**. Hier gibt es das Clean-Me-Out-Programm, die Yucca-Darmreinigungskur, Die Gray-Darmreinigungskur und auch der bewährte Einlauf. Fragen Sie in Ihrem Reformhaus danach.

4) Was man nicht nur bei einer Entsäuerungskur beachten, sondern zu einer grundsätzlichen Lebenseinstellung machen sollte, sind der **Verzicht** auf Alkohol, Nikotin, unnötiger Stress, unnötiger Lärm. Alle Faktoren, auf die Sie Einfluss haben, sollten Sie auch beeinflussen und zwar zu Ihren Gunsten.

5) Überlegen Sie sich gut, wo Sie Ihr **Obst und Gemüse** besorgen. Das Billiggemüse aus bestimmten Handelsketten erfüllt wohl kaum die Voraussetzung von gesunder Ernährung. Es ist zwar günstig aber inhaltlich schon fast leer. Der Vitalstoffgehalt unserer Rohkost hat in den letzten paar Jahren erschreckend abgenommen und nimmt noch weiter ab.
Auch hier gibt es Alternativen: Suchen Sie den Ökobauern in Ihrer Nähe auf und sehen Sie sich an, was er im Programm hat.
Wer hier zu weite Wege in Kauf nehmen muss, kann auch den bequemeren Weg gehen und sich wöchentlich eine Kiste Gemüse (und/oder Obst), auf die Größe des eigenen Haushaltes abgestimmt, schicken lassen. Zu empfehlen wäre hier die

Firma Lebe Gesund Versand. Das Angebot an Obst, Gemüse, Broten, Brotaufstrichen, Mayonnaisenersatz, Getränken usw. finden Sie unter
www.LebeGesund.de
Lebe Gesund!-Versand GmbH
Max-Braun-Str. 4
97828 Marktheidenfeld
Tel.: 0800/122-4000
Fax: 0800/122-4009

Die Firma hat es sich zur Aufgabe gemacht, die Böden, die sie bewirtschaften, von Giften zu befreien und sie wieder mit natürlichen Mitteln so aufzuarbeiten (keine Jauchedüngung!), dass die darauf wachsenden Produkte einen wieder steigenden (und nicht sinkenden!) Anteil an Vitalstoffen enthalten. Die Produkte enthalten keine Zusätze, keine tierischen Bestandteile und werden direkt vom Erzeuger geliefert. Ergänzende Bestellungen sind jederzeit möglich. Außerdem schaffen diese Leute auf ihren Feldern Nischen für die Tierwelt.
Ich habe das nun seit einem Jahr durchgeführt und finde es phantastisch. Da man nie genau weiß, was die Pakete enthalten, ist es jedes Mal eine Überraschung. Es finden sich auch einmal Produkte darin, die man gar nicht kennt, oder zumindest noch nicht verarbeitet hat. Wer Spaß am Abenteuer Kochen hat, für den ist diese Art des Einkaufens richtig aufregend. Es werden auch gleich Rezepte mitgeliefert, so dass man nicht hilflos vor der Ware steht und nicht weiß, was man damit anfangen soll. Hin und wieder wird man angerufen (wenn man es möchte), um ergänzende Bestellungen durchgeben zu können. Wer keine Überraschungen mag und planen können will, erfährt dabei, was in seinem nächsten Paket enthalten ist. Wenn ich Produkte dieser Firma zu mir nehme, juckt nichts. Es sind also keine Gifte enthalten!

6) Über **Salz** ist schon viel geschrieben worden, aber ich möchte Ihnen in ein paar Sätzen einen Überblick verschaffen. Einige der folgenden Informationen stammen aus der Fernsehsendung „Sprechstunde“ des Bayersichen Rundfunks vom 22. Juli 2003 mit dem Titel: Vom Meer bis zum Himalaya – Lebenselexier Salz.

Das Wasser unsere Körpers ist salzig. Über das Salz in den Zellen werden viele körperliche Vorgänge gesteuert. Es ist lebensnotwendig. Bei zu hohem Salzkonsum jedoch wird Wasser zurückgehalten und eingelagert. 1 TL Salz bindet einen Liter Wasser. Eine der vielen negativen Auswirkungen ist die Gewichtszunahme.
Unser Speisesalz ist der chemische Stoff Natriumchlorid (NaCl). Es enthält keine zusätzlichen Mineralien mehr und wird im Körper im Grunde wie ein Giftstoff behandelt. Kräutersalz ist eine gute Alternative und auch hier gibt es ein Produkt der Firma Orgon, das ebenfalls im Reformhaus erhältlich ist.

Fest steht jedenfalls, dass alle Fertiggerichte Salz enthalten. Wer frisch kocht, ist kaum in Gefahr zuviel Salz abzubekommen.

Die folgenden Salze werden zur Behandlung von Krankheiten eingesetzt:

Bullrichsalz (Natron): Wird bei Sodbrennen empfohlen. Wenn man zuviel davon einnimmt, wird allerdings die Salzsäure des Magens völlig neutralisiert und kann die Verdauungsvorgänge nicht mehr vornehmen. Sodbrennen ist ein typisches Merkmal von Übersäuerung. Bei häufigen Auftreten, sollten Sie einen Arzt aufsuchen und/oder eine Entsäuerungskur machen, da dies zu Krebs führen kann.

Emser Salz (Hydrogenkarbonat): Es wird zur Linderung bei Erkältung verwendet, da es antibakteriell und schleimlösend wirkt. Es hat den Vorteil, dass es in den Dampf übergeht (inhalieren), was beim Haushaltssalz nicht der Fall ist.

Schüßlersalze: Es handelt sich dabei um 12 Mineralsalze, die als homöopathische Mittel gegen Entzündungen, Hauterkrankungen und Kartarren angewendet werden. Sie haben keine Nebenwirkungen können aber zu sogenannten Erstverschlimmerungen führen.

Totes-Meer-Salz: Dieses Salz wird in Zusammenarbeit mit dem Sonnenlicht gegen die Schuppenflechte eingesetzt. Es enthält 84g Magnesium, 84g Natrium, 17g Calcium, 8 g Kalium, 5g Brom und man soll ca. 15. – 20 Minuten darin baden. Da auch die Sonne für die Wirkung benötigt wird, ist die beste Therapie ein Aufenthalt am Toten Meer.

Himalayasalz: Es wird auch Alexandersalz genannt und stammt aus vor 250 Mio Jahren ausgetrockneten Meeren. Es ist relativ teuer, machte aber wegen seiner Wirkungen gegen Gicht und Arthrose Furore. Bei diesem Salz scheiden sich die Geister. Man erwirkte sogar ein Gerichtsurteil, dass dem Himalayasalz nicht so viele gute Wirkungen nachgesagt werden dürfen, die angeblich gar nicht nachweisbar wären. Chemisch enthält hat es so genannte Verunreinigungen, die nichts anderes als wertvolle Mineralien und Spurenelemente sind. Seine eigentliche Wirkung entfaltet sich aber nicht auf der chemischen Basis, sondern vielmehr auf der energetischen, die von der Wissenschaft nicht anerkannt wird, denn das Himalayasalz hat 84 „Schwingungen“, die ideal zur Entgiftung geeignet sind. Sensitive können dies spüren und da dies nicht für alle nachvollziehbar ist, sperrt sich die Wissenschaft dagegen.

Bezugsquelle für das Himalayasalz über das Internet:
info@abaton-vibra.de

Interessant ist nun, was in der Sendung Sprechstunde über die Wirkung von Kristallsalz auf die Haut gesagt wurde, denn das deckt sich mit meinen Empfehlungen, die ja nicht von mir aus der Luft gegriffen, sondern schon von anderen Autoren ausführlich dargelegt wurden. Hier wird nämlich die Empfehlung gegeben, Kristallsalz direkt auf die Haut (z.B. im Gesicht) aufzutragen, was einen ausgleichenden Effekt hat, nämlich sowohl bei fettiger als auch bei trockener Haut. Es soll auch gegen Fußpilz helfen und den Stoffwechsel anregen.

Nasses Kristallsalz unter die Achseln verhindert unangenehmen Geruch. Umschläge aus Salzsole helfen gegen Gelenkbeschwerden, Verstauchungen und Prellungen. Sie helfen aber ganz allgemein gegen eine ganze Reihe von Krankheiten, wenn man sie dauerhaft anwendet bzw. die Bäder durchführt.

Bei Atembeschwerden wird ein Aufenthalt in den Heilstollen von Bad Reichenhall empfohlen. Die Ruhe dort unten und die ungewöhnlich saubere und salzgeschwängerte Luft haben ihre Wirkungen.

Und noch eine letzte Information aus der Geschichte: Schon in der Antike behandelte man wunde Stellen mit Salz, obwohl das bestimmt gebrannt hat.

7) Eine weitere wichtige Begleitmaßnahme ist Bewegung. Der menschliche Körper ist nicht dafür geschaffen acht Stunden am Tag zu sitzen. Er braucht Bewegung! Versuchen Sie sich eine Stunde am Tag vorzunehmen in der Sie Sport treiben. Gemeint ist hier kein Auspowertraining, das wieder Mineralien raubt, die erst wieder aufgefüllt werden müssen. Nein, bewegen Sie sich auf natürlich Weise, indem Sie einfach **rasch gehen**. Diese Maßnahme ist so wichtig, dass ich sie eingangs schon erwähnte. Suchen Sie sich eine Route zum Spazierengehen aus. Allerdings ist hier kein gemütliches Dahinschlendern gemeint, sondern zügiges Gehen. Ideal wäre es, wenn eine lange und steile Steigung gleich am Anfang in der Tour enthalten ist, die man im gleichen Tempo nach oben läuft, wie dann den Rest des Weges. Walking ist die moderne Ausdrucksweise für diese Art gehen. Hierbei wird am meisten Fett verbrannt, nicht etwa beim Joggen, wie die meisten glauben.
Generell gilt für alle Sportarten: Sie sollten sich noch unterhalten können, dann ist das Tempo richtig. Wer zuviel Gewicht mit herumschleppt, wird es anfangs etwas schwer haben und sich überwinden müssen, doch regt das Walken die Entsäuerung an, denn auch hier wird die Lymphe in Gang gesetzt und wenn man dabei schwitzt ist das hervorragend, denn dann kommt über den Schweiß der Dreck heraus. Hier gilt auch wieder: Genügend Mineralien zu sich nehmen, denn die verliert man beim Schwitzen ebenfalls.
Eine zweite gute Bewegungsmöglichkeit während einer Entsäuerungskur ist das **Aquatraining**. Erkundigen Sie sich beim Schwimmbad in der Nähe, wann entsprechende Stunden gehalten werden. Es gibt kaum ein Bad, das nicht etwas Derartiges im Programm hat. Aquatraining ist durchaus nicht nur für alte Leute. Ich habe die Erfahrung gemacht, dass dabei auf relativ bequeme Weise alle Muskeln gut durchgelockert werden. Für „Computermenschen" eine fabelhafte Möglichkeit die Muskeln zu entspannen. Für Menschen, die schon erhebliche körperliche Probleme haben, ist es ideal geeignet, da das Wasser viele Bewegungen erleichtert und man auf der anderen Seite, durch den Wasserwiderstand trotzdem hinterher merkt, dass man etwas getan hat, weil man sich einfach besser fühlt.
Auch hier wird die Lymphe (eben durch den Widerstand des Wassers) angeregt, was man an einem leichten Juckreiz hinterher feststellen kann, und wenn man den Aquatrainigstag mit Salzsocken in der Nacht ergänzt, schläft die Lymphe auch nicht gleich wieder ein, sondern schafft weiterhin den Abfall aus dem Körper.
Im letzten Buch empfahl ich auch den Ultra-Light-Lauf. Ich führte das ein halbes Jahr lang durch und fühlte mich dabei recht wohl. Hierbei rennt man so langsam, dass man sich noch unterhalten kann. Dieser Sport regt den Stoffwechsel an, so dass Fett schneller verbrannt wird. Leider bekam ich dann Probleme mit dem Knöchel, so dass ich aufhören musste. Es hielt etwa ein Vierteljahr lang an, und dann war mein Stoffwechsel wieder langsamer. Bei mir reicht das Walken allein

nicht aus, um den Stoffwechsel in Schwung zu halten. Bei anderen schon. Das muss man einfach ausprobieren.

8) So merkwürdig sich das für Sie vielleicht anhören mag, so empfiehlt Ruediger Dahlke als Appetithemmer an den Speisen ausgiebig zu **riechen**, da die Beobachtung gemacht wurde, dass Menschen, die den Genuss vom reinem Schmecken und Schlucken aufs Riechen verlagern, mehr vom Essen haben und daher viel leichter ihr Gewicht halten können. Riechen Sie doch mal an einem gut abgehangenen Stück Fleisch. Es ist im Prinzip ja im Stadium der Verwesung begriffen und riechen Sie dann mal an einer Erdbeere. Was macht wohl mehr Freude? Haben Sie keine Angst auf einer Party als heikel zu gelten. Wären wir heikler beim Essen, hätten wir die heutigen Krankheitsprobleme wohl kaum in dem bekannten Ausmaß. Aber selbst das Riechen will wieder gelernt sein. Wir brauchen den Sinn ja kaum noch und daher verkümmert er.

9) Eine andere begleitende Maßnahme, die zu Nr. 9, dem Riechen passt ist, dass Sie sich beim Essen völlig **auf Ihre Mahlzeiten konzentrieren** und nichts anderes dabei tun. Ist Ihnen schon einmal aufgefallen, dass wir inzwischen fast alle während des Essens fernsehen, die Zeitung lesen oder sonst etwas tun? Hat das wirklich etwas mit Zeitersparnis zu tun? Oder wollen wir uns unbewusst von dem, was wir essen, ablenken, da wir wissen, dass es nicht viel taugt, oder weil wir es einfach nicht wertschätzen? Wenn wir uns auf das Essen konzentrieren, haben wir viel mehr davon und auch die Verdauung wird dadurch gefördert.

10) Haben Sie einfach **Freude** an der Vorstellung, dass Sie Ihre Altlasten nun loswerden können. Freude trägt generell dazu bei auch loslassen zu können. Das ist gar nicht so selbstverständlich. Wenn Sie das Gefühl haben, nicht loslassen zu können, lassen Sie sich doch einfach mal ins Wasser fallen und frei schwebend vom nassen Element tragen. Vielleicht in Verbindung mit einem vorausgegangenen Aquatraining.

11) Eine hervorragende Begleitmaßnahme, die gleichzeitig das Immunsystem stärkt, ist mindestens ein Saunabesuch pro Woche. Durch das Schwitzen werden die Schlacken nach außen transportiert. Haben Sie während der Sauna genügend Mineralien im Blut, so stürzt sich der Organismus geradezu auf diese Erleichterung bringende Möglichkeit der Entsäuerung und es kann sein, dass es noch eine ganze Weile nach der Sauna juckt. Dies ist ein gutes Zeichen und kein Grund zur Sorge.

12) Haben Sie schon einmal Ihre Aufmerksamkeit nach innen gerichtet? Das nennt man **Meditation**. Um den Stress, der eine Versäuerung nach sich zieht, zu mindern, sollte man so oft wie möglich zur Ruhe kommen. Wer lange leben will - und das will jeder, auch wenn er es nicht zugibt - könnte es mit Meditation versuchen. Nach einer Studie von R.K. Wallace hat die Meditation eine Auswirkung auf den Alterungsprozess. Menschen, die weniger als fünf Jahre meditierten waren im mittleren biologischen Alter durchschnittlich 7,1 Jahre jünger als eine Kontrollgruppe. Das biologische Alter von Menschen, die mehr als fünf Jahre meditierten, lag 15 Jahre unter dem der Kontrollgruppe. Vier dieser Personen waren sogar 27 oder mehr Jahre jünger als die Mitglieder der anderen Gruppe. Das sollte zu denken geben. Wir stehen ohnehin am Beginn eines Zeitalters der kollektiven Erleuchtung, daher kann man sich auf diese Weise vorbereiten. (Mehr zu diese Thema im nächsten Buch.)

14. Allgemeine ergänzende Bemerkungen

Wie kann ich den Krankheiten entkommen? Wie sollte mein Leben aussehen? Was kann ich denn dann überhaupt noch essen? Das sind Fragen, die mir bei meinen Vorträgen häufig gestellt werden und die Antwort lautet: So viele natürliche Produkte wie möglich essen, ergänzt durch zusätzliche Vitalstoffe. In Fertigprodukten ist ein hoher Salz- und ein erstaunlich hoher Zuckeranteil) zu finden, was beides nicht gerade gesundheitsfördernd, weil verschlackend wirkt. Das kommt daher weil Zucker nicht nur Oxalsäure bildet, wie weiter oben beschrieben, sondern auch noch Essig-, Butter- und Milchsäure.
Leider sind in unseren Supermärkten kaum noch natürliche Produkte zu finden. Sie sind so behandelt, dass sie lange gut aussehen und kaum verderben, damit sie auch ja noch gekauft werden, wenn schon lange keine Vitalstoffe mehr enthalten sind.
Kaufen Sie die Produkte daher direkt beim Erzeuger, wenn es irgendwie geht. Es sollten keine langen Transportwege vorliegen, denn dabei verlieren alle natürlichen Produkte ihre Vitamine. Wie schon erwähnt, lasse ich mir mein Obst und Gemüse schicken. Die Produkte werden ca. 60 km von mir entfernt angebaut. Feldsalat wird beispielsweise an einem Tag geerntet und am nächsten an die Kunden verschickt. Frischer geht es nur im eigenen Garten. Da alles per Post versandt wird, ist es höchstens einen Tag unterwegs. Erkundigen Sie sich einmal, wie lange das Obst und Gemüse in Ihrem Geschäft unterwegs war, bis Sie es in Händen halten.
Alle natürlichen Nahrungsmittel enthalten genau genommen sowohl basenbildende als auch säurebildende Mineralien. Sind die säurebildenden in der Überzahl, wird das Nahrungsmittel auch insgesamt als säurebildend angesehen. Bei den basenbildenden verhält es sich ebenso. Alle unnatürlichen Lebensmittel gehören zu den fast nur säurebildenden.
Mit welchem Mittel kann man welche Säuren neutralisieren? Das fragte ich mich schon im ersten Buch, doch hatte ich da die Antwort noch nicht gefunden. Hier ist sie nun:

Säuren, die aus dem Verzehr von Süßspeisen und Kohlehydrate entstehen, neutralisiert man durch	Säuren, die bei zu hohem Fettanteil in der Nahrung entstehen, neutralisiert man durch	Beim Verzehr von zu viel tierischem Eiweiß hilft
Hohe Dosen Vitamin C	Natürliches Vitamin A	Ein hoher Anteil an B-Vitaminen in der Nahrung

Da der Vitaminanteil in der Nahrung ständig sinkt, sollte man zumindest während der Entsäuerungskur zusätzliche Vitamine einnehmen.
Wie man seinen Ernährungsplan gesund gestalten kann, das sehen Sie im folgenden Ernährungsvorschlag für vier Wochen. Der eigenen Phantasie und Kreativität sind hier natürlich keinerlei Grenzen gesetzt.
Die Entsäuerung des Körpers stellt eine Lebensumstellung und nicht etwa eine Diät dar. Wenn genügend Menschen bereit sind, sich entsprechend zu verhalten, wird die Industrie gezwungen sein, dieser Entwicklung Rechnung zu tragen und die Qualität der Nahrungsmittel so zu verbessern, dass sie wieder **Lebens**mittel sein können.

Für alle Tage der Entsäuerungskur gilt: Für den Hunger zwischendurch keine Süßigkeiten, keine Chips oder Ähnliches, sondern nur Obst oder Gemüse nach eigenem Geschmack und in beliebiger Menge.
Außerdem gilt: Mineralien wie oben angeführt zu sich nehmen. Durch den Überschuss an Mineralien wird der Organismus dazu angeregt die Altlasten auszuscheiden. Er wartet nur darauf, das endlich tun zu können. Sie müssen ihn nur ein wenig unterstützen.
Wenn möglich sollte man während der Entsäuerungskur auf Kaffee oder schwarzen Tee verzichten und zu den Mahlzeiten möglichst gar nichts trinken, da dadurch die Verdauungssäfte verdünnt werden und damit deren Arbeit erschwert wird. Kann man es nicht lassen – und ich weiß sehr wohl wie schwer das sein kann - dann trinken Sie wenigstens die doppelte Menge Wasser dazu, denn Kaffee versäuert nicht nur, sondern entwässert auch noch.
Beobachten Sie doch mal Kaffeetrinker (also sich selbst?). Nach dem ersten Schluck, wenn der Organismus erkannt hat, was da schon wieder kommt, kratzt sich der betreffende Mensch oft am Kopf, denn es juckt. Das bedeutet nicht mehr und nicht weniger, als dass der Organismus sich die basischen Stoffe aus dem eigenen Depot, in diesem Fall der Haarboden, holt um die eintreffenden Gifte zu neutralisieren.
Ganz allgemein gesprochen sollte man sich immer der Nahrungsmittel bedienen, die saisonbedingt gerade verfügbar und möglichst in der eigenen Region gewachsen sind. Das ist heutzutage allerdings schon mit großen Schwierigkeiten verbunden, da wir einen Teil unserer Lebensmittel aus dem Ausland beziehen. Würden heute aus irgendeinem Grunde die Grenzen geschlossen, könnten die heimischen Bauern uns nicht mehr ernähren, da eine Versorgung nur zu 60% gewährleistet ist. Ich halte es nicht für klug unsere Bauernwirtschaft zu Grunde gehen zu lassen!
Und noch ein Wort zu den Zitrusfrüchten: Sie wachsen in warmem Klima und sollen eigentlich für Kühlung des Körpers sorgen. Gerade für Ananas, die viele hochwertige Eigenschaften hat, gilt: Sie kühlt den Organismus ab. Zitrusfrüchte sollte man daher eher im Sommer essen und nicht im Winter. Sonst friert man noch mehr. Hier hat sich eine Gewohnheit entgegen den Notwendigkeiten des Körpers entwickelt. Äpfel und Nüsse sind die Winterfrüchte unseres Landes.
Als grundsätzliche Regel gilt noch: Wer wirklich gesund werden will, sollte so viel wie möglich Rohkost essen. Obwohl ich das schon im ersten Buch erwähnte, muss ich es noch mal wiederholen, weil es so wichtig ist: Der Freund einer Freundin wollte seine grauen Haare loswerden und aß 1,5 Jahre lang alles roh, auch Fleisch. Seine alte Haarfarbe kehrte zurück! Ist man allerdings kein Rohkost gewöhnt, so sollte man mit kleinen Mengen anfangen und den Körper langsam daran gewöhnen, sonst können schon mal Magenschmerzen auftreten.
Eine Kundin von mir bestätigte per Mail diesen Effekt. Sie stellte ihre Nahrung völlig auf Rohkost um und die schon aufgetauchten einzelnen grauen Haare verschwanden wieder völlig.
Ein Langzeitversuch mit Rohkosternährung über 33 Jahre und mit mehr als 123.600 Menschen zeigte auf, dass Rohköstler (und auch generell Vegetarier) eine höhere Lebenserwartung haben als sich „normal“ Ernährende und dabei auch noch viel gesünder sind. Sie erkranken viel seltener an den sogenannten degenerativen Krankheiten.

Woran liegt das nun? Zum Einen daran, dass zu heiße oder zu kalte Speisen und Getränke die (Verdauungs-)Enzyme im Magen zerstören, so dass nicht mehr richtig verdaut werden kann. Also lassen Sie Ihr Essen genügend abkühlen, bevor Sie es zu sich nehmen. Ein weiterer wesentlicher Faktor ist der, dass durch das Kochen zwischen 50% und 97% der Vitamine verloren gehen. Ohne Vitamine können aber die Mineralien nicht verarbeitet werden und so wird die Misere, in der wir heute stecken, immer deutlicher. Vitamin C wird beispielsweise bis zu 80% beim Kochen vernichtet.
Nach neuesten Erkenntnissen werden die Nahrungsmittel nicht mehr nur nach Kalorien, Fetten, Proteine und Kohlehydrate eingeteilt, sondern auch nach ihren energetischen Qualitäten:
Die erste Kategorie sind die biogenen Nahrungsmittel. „Sie sind hochgradig lebens- und energiespendend. Sie sind Basenbildner, energetisch aufgeladen und enthalten viele Enzyme, vorverdaute, vollständige Proteine, chelatierte Mineralstoffe, Nukleinsäuren, Vitamine, RNA, DANN und B_{12}.“[10] Zu dieser Kategorie gehören sämtliche Sprossen. „Der Gehalt an Vitamin B_6 steigt um 500 Prozent, B_5 um 200 Prozent, B_2 um 1300 Prozent, Biotin um 50 Prozent und Folsäure um 600 Prozent.“[11] Streuen Sie also selbstgezogene Sprossen und/oder eingeweichte Samen über Ihre Salate. Das Wasser wäscht die Enzymhemmer und Phytate (die die Aufnahme von Zink und anderen Mineralien blockieren) und Oyxlate (verhindern die Aufnahme von Kalzium, welches zu steifen Gelenken führen kann) und andere den Stoffwechsel hemmende Stoffe heraus. Das Wasser aktiviert auch die Keimungsenzyme und deren Kraft kräftigt Ihren Körper. Als ich das ausprobierte, war ich sehr überrascht, dass schon nach zwei Tagen des Essens von eingeweichtem Samen mein Gewicht nach unten ging. (Wie zieht man Sprossen? Es gibt dafür Behälter im Reformhaus zu kaufen, in die man den vorher eingeweichten Samen gibt und schräg aufstellt. Vermeiden Sie direktes Sonnenlicht. Bewährt haben sich Alfalfa, Mungbohne und Bockhornklee. Sie sind einfach zu handhaben.)
Die zweite Kategorie sind die bioaktiven Nahrungsmittel. Sie können die Lebenskraft gesunder Menschen erhalten und sogar leicht steigern. Hierzu gehören frische, unverarbeitete, rohe Früchte und Gemüse.
Die dritte Sorte sind die biostatischen Nahrungsmittel. Sie erhalten weder das Leben noch sind sie lebensspendend. Sie vermindern sogar die Qualität der Körperfunktionen. Die Alterung wird dadurch vorangetrieben. Hierzu gehören die gekochten Nahrungsmittel und auch die rohen, die nicht mehr frisch sind.
Dann gibt es noch die biosauren oder lebenszerstörenden Nahrungsmittel. Es sind die vielfach verarbeiteten und mit allerlei Zusätzen versehenen Produkte. Sie bauen die Lebensfunktionen ab. Wer hierüber mehr erfahren will kann auch dies im Buch von Gabriel Cousens (siehe Literaturhinweise) nachlesen.
Mit der Zeit werden Sie feststellen, dass Ihr Körper auf jedes falsche Lebensmittel sofort reagiert und die entstehenden Gifte sofort wieder loswerden will. Das äußert sich in einem sofortigen Juckreiz auf der Haut oder am Kopf, sofern genügend Mineralien im Blut vorhanden sind. Auf diese Weise lernt man mit der Zeit die „falschen“ Lebensmittel zu meiden.

15. Schlussbemerkungen

Ich habe schon angedeutet, dass man mit der Reinigung des Körpers auch den Geist reinigt. Die Folgen sind recht angenehm, denn man braust nicht wegen jeder Kleinigkeit gleich auf, man ist nicht so schnell genervt und bekommt ein besseres Durchstehvermögen. Auch das Immunsystem verbessert sich rapide, so dass man ganz allgemein nicht mehr so krankheitsanfällig ist.
Die geistigen Auswirkungen gehen jedoch auch noch tiefer. Durch die Reinigungskur werden Sie sensibler gegenüber den Lebensmitteln, die Sie zu sich nehmen. Es wird Ihnen klar werden, dass diese Stoffe Ihren Körper aufbauen und je nach Qualität wirkt sich das auf Ihr Bewusstsein aus. Ein Tier in Todesangst geschlachtet und dann gegessen, hat sicher andere Auswirkungen als Gemüse, das mit Liebe geerntet und in Dankbarkeit zu sich genommen wird. Alles ist Energie, alles hat energetische Qualitäten, alles hat seine Frequenz.
Wird nun immer mehr Menschen bewusst, welch schlechte Qualität unsere Nahrung hat, so werden sie von der entsprechenden Industrie verlangen, dass sich das ändert. Es wird eine Änderung des Bewusstseins eintreten und zwar in vielerlei Hinsicht. Das gegenwärtige System ist dem Zusammenbruch nahe. Jeder, der ein wenig die Augen aufmacht, kann das sehen. Doch anstatt Angst davor zu haben, sollten wir das als Chance sehen, eine völlig neuartige Zivilisation aufzubauen. Eine, in der das Leben eines jeden Wesens (nicht nur das der Tiere) wieder geachtet und geschützt wird. Jetzt haben wir die Chance, ergreifen wir sie!!

Doch wieder zurück zu unserem eigentlichen Thema.
Wir erhalten nicht nur durch unsere Nahrung Energie. Tagtäglich erreichen uns unzählige kosmische Strahlen, die sich ebenfalls auf uns auswirken. Auch sie sind eine Art Nahrung, eben feinstofflicherer Natur als das, was wir essen. Man könnte Sie als Lebensenergie zusammenfassen. Der Grad der Aktivierung der Chakren bestimmt wie viel Sie von dieser kosmischen Nahrung aufnehmen. Ein wenig sind sie bei allen Menschen aktiviert, sonst wären wir nicht am Leben.
Diese Lebensenergie (die Inder nennen sie Prana, die Chinesen Chi) nehmen wir aber auch durch unseren Atem auf. Je tiefer wir atmen, desto mehr Prana gelangt in unseren Körper. Die Menschen der so genannten zivilisierten Welt atmen grundsätzlich viel zu flach. Als ich auf einer Messe neben einem Menschen saß, der per Computerbildschirm die Chakren über längere Zeit beobachtet, viel ihm auf, dass ich sehr flach atme. Er wies mich darauf hin, dass die Auswirkungen dieses flachen Atems auf dem Bildschirm zu sehen war. Mein Halschakra wurde da nämlich völlig schwarz dargestellt, obwohl es bei guter Funktion blau wäre. Ich hatte ihm nicht verraten, dass ich schon seit Jahren chronische Halsschmerzen habe (ein Leiden, das ich in obiger Tabelle prompt vergessen habe einzutragen, so normal ist das schon für mich). Er riet mir nun zweierlei. Zum einen müsse ich die seelische Seite bearbeiten, also aussprechen, was ich so lange nicht gesagt habe, und zum anderen soll ich immer, wenn ich daran denke, ganz bewusst tief atmen. Seitdem ich das mache, hat sich das Halschakra wiederholt aktiviert. Ich habe noch Halsschmerzen, doch nun sehe ich das erste Mal eine Chance, sie mit der Zeit loszuwerden.

Das tiefe Atmen ist für jeden sinnvoll, denn dadurch gelangt wieder mehr Sauerstoff in unseren Blutkreislauf und wie wichtig dieser ist, haben wir uns im ersten Kapitel bereits gesehen. Damit schließt sich der Kreis, der Gedankengänge, die ich Ihnen nahe bringen wollte. Bleibt mir nur noch, Ihnen einen Ernährungsplan für vier Wochen vorzustellen, der Ihre Entsäuerungskur unterstützen wird.
Die nun folgenden Rezeptvorschläge erheben nicht den Anspruch auf eine vollwertige Diät, sind nicht kalorienmäßig abgestimmt oder nach einem speziellen Plan zusammengestellt. Es ist einfach Nahrung, die größtenteils basisch im Körper wirkt und damit eine Entgiftung unterstützt. Es sind einfache Gerichte, die ohne großen Aufwand zubereitet werden können und keine langen Einkaufslisten benötigen, und somit nicht unnötig ins Geld gehen. Sie sollen den Leser auf eine Ernährung ohne tierische Produkte (vegane Ernährung), weitgehend ohne Zucker und weißes Mehl einstellen und die Umgewöhnung darauf erleichtern.
Ich wünsche Ihnen nun viel Erfolg bei der Durchführung der Reinigung Ihres Körpers und auch Ihres Geiste. Die „Nebenwirkung“ wird eine gute Gesundheit sein.

16. Ernährungsvorschlag für vier Wochen, eine Person:

1. – 2. Tag

Einkaufsliste für *zwei* Tage
Für das **Frühstück** an zwei Tagen:
Dinkel vom Biobauern
4 Bananen
4 Äpfel
Akazienhonig (kalt geschleudert)
Sojamilch
Für das **Mittagessen:**
Kohlsuppe für zwei Tage:
6 lange Frühlingszwiebeln
6 frische Tomaten
1 Weißkohl
2 Paprika, Farbe nach Wunsch
1 Bund Petersilie
1 kleine Sellerieknolle
2 Pakete Zwiebelsuppe
Für das **Abendessen:**
Pilzbrötchen:
1 Packung Vollkornbrötchen zum Aufbacken
1 Dose vegetarische Pastete, Champignon
Brötchen mit Avocadoaufstrich:
1 Salatgurke
1 reife Avocado (leichtes Nachgeben bei Druck)
Kräutersalz
Kräuterpackung mit 8 Kräutern, gefroren oder frische
Blaue Trauben

1. Tag, 1. Woche

Frühstück: Frischkornmüsli

Zubereitung: Bereits am Vortag sollten Sie etwa eine Handvoll Dinkel grob malen und in Sojamilch einweichen. Die Mischung sollte gut durchfeuchtet sein. Am Morgen geben Sie die Hälfte der Masse in eine Schüssel, fügen einen EL Honig hinzu. Honig ist nicht unbedingt notwendig, denn sowohl im Getreide als auch im Obst ist genügend Zucker enthalten. Wer es aber sehr süß gewohnt ist, braucht in der Anfangszeit nicht auf diesen Geschmack zu verzichten. Honig wirkt, was die Erhöhung des Blutzuckerspiegels betrifft, genauso wie Zucker oder Fruchtzucker. Rühren Sie die Masse, bis sich die Getreideklumpen aufgelöst haben.

Schneiden Sie eine Banane und einen Apfel (nicht Schälen, Schale enthält Mineralien, aber gut waschen und abtrocknen) in kleine Stücke und fügen Sie sie hinzu. Alles mischen, fertig.

Dieses Müsli hält Sie mindestens bis zum Mittagessen satt. Sollten Sie dennoch Appetit verspüren, essen Sie Obst in der Frühstückspause und ignorieren Sie spöttelnde Arbeitskollegen. Mit der Zeit wird sich der Spott in Bewunderung für Ihr Durchstehvermögen umwandeln und man wird Sie fragen, was das soll. Haben Sie dann erste Ergebnisse in Form von verschwundenen lästigen Symptomen vorzuweisen, werden sich mehr und mehr Kollegen anschließen. Seien Sie ein Vorbild, zeigen Sie, wie eine gesunde Lebensweise (nicht nur Ernährung) aussieht und dass das Entfernen von Giften mit dem Entfernen von Krankheiten gleichzusetzen ist!

Frischkornbrei bildet zwar auch ein wenig Säuren, doch längst nicht in dem Ausmaß wie ein gewöhnliches Frühstücksbrötchen.

Mittagessen: Kohlsuppe

Die berühmte Kohlsuppe, mit der man abnehmen kann, ist diesem Rezept hier sehr ähnlich. Mit der fertigen Zwiebelsuppe als Grundlage für jegliche Gemüsesuppe hat man eine Garantie für guten Geschmack. Ich habe sie schon in vielen Variationen ausprobiert, und sie ist fast das einzige Fertiggericht, das ich in meinem Kochprogramm zulasse.

Zubereitung: Die Zwiebelsuppe in einem Liter Wasser einrühren, mit Salz (aus der Himalayasole) und Kräutersalz würzen. Wer es gerne feurig mag, kann auch noch Chili dazugeben.

Das Gemüse in kleine Stücke schneiden und in einem Dampfkochtopf ca. 10 Minuten dämpfen. Die Zwiebelsuppe zum Kochen bringen und das Gemüse hinein geben, fertig.

In einem Dampfkochtopf wird Gemüse schonend gegart und behält zumindest einen Teil seiner Vitalstoffe.

Von dieser Suppe können Sie so viel essen, wie Sie wollen. Sie enthält nur wenige Kalorien und verbrennt Fett..

Die Menge der Suppe reicht für den nächsten Tag auch noch, so dass Sie an diesem Tag weniger Arbeit haben.

Abendessen: Pilzbrötchen

Zubereitung: Backen Sie zwei Brötchen in Ihrem Ofen 6 Minuten lang, bestreichen Sie sie mit der Pilzpastete und garnieren Sie sie mit Gurkenscheiben. Die Vollkornbrötchen sättigen mehr als die mit Weißmehl und richten keinen Säureschaden in Ihrem Körper an.

Wenn Sie das Abendessen auf 17.00 Uhr verlegen und danach höchstens noch Obst zu sich nehmen, müsste sich dieser Tag bereits auf der Waage bemerkbar machen, denn der Organismus möchte abends nur noch in Ruhe alles verdauen (auch die Erlebnisse des Tages) und nicht mehr mit einem schweren Abendessen belastet werden.

Da die meisten Leute heutzutage berufstätig sind und nicht so sehr viel Zeit haben, ihr Essen frisch zuzubereiten, ist es ideal für zwei Tage im voraus zu planen.

2. Tag, 1. Woche

Frühstück: Frischkornmüsli

Zubereitung: Die andere Hälfte des eingeweichten Getreides nehmen und ein Müsli wie am Morgen zuvor zubereiten. Wahlweise mit Obst nach Geschmack variieren.

Mittagessen: Kohlsuppe

Heute können Sie die Reste von gestern aufessen und brauchen die Suppe nur aufzuwärmen.

Abendessen: Brötchen mit Avocadoaufstrich

Zubereitung: Beim Abendessen legen wir eine kleine Variante ein: Auf die zwei gebackenen Brötchen wird eine frisch zubereitete Paste aus Avocado gestrichen. Teilen Sie die Avocado in zwei Hälften, entfernen Sie den Kern. Dann holen Sie mit einem Löffel das Fruchtfleisch beider Hälften heraus und zerdrücken es mit einer Gabel. Ein kleiner Schuss aus der Alexandersalzsohle, etwas Kräutersalz und ein Drittel der gefrorenen Kräutermischung geben gut durchgemischt einen leckeren Gemüseaufstrich. Dazu passen hervorragend die blauen Trauben, die durch ihren geschmacklichen Gegensatz zum Avocadoaufstrich ein besonderes Essvergnügen bereiten.

Zur Avocado ist noch zu sagen, dass sie in manchen Büchern als säurebildend steht. Hier scheint keine Einigkeit zu herrschen. Sie gehört zu den Früchten und besitzt eine Menge hervorragender Eigenschaften. Hat man genügend Mineralien im Blut, so können diese Eigenschaften sich voll entfalten, selbst wenn sie wirklich säuernd wirken sollte.

3. – 4. Tag

Einkaufsliste für *zwei* Tage
Für das **Frühstück:**
Obstsalat:
2 Bananen
Honig (wenn nicht schon vorhanden)
2 Äpfel
2 Kiwi
1 Orange
Bananenbrei:
2 Bananen
1 TL Honig
Für das **Mittagessen:**
Rohkostsalat:
2 Kohlrabi
Salatkrönung, Küchenkräuter von Knorr (5erPack reicht für den Rotkohlsalat am 7. Tag)
Kreta-Olivenöl, kaltgepresst
1 Packung Vollkornbrötchen zum Aufbacken
Kartoffelbrei mit Mohrrüben:
4 Mohrrüben
5 Kartoffeln
Sojamilch (aus der Packung des 1. Tages)
Für das **Abendessen** an zwei Tagen:
1 Blumenkohl
etwas Butter
Muskatnuss

3. Tag, 1. Woche

Frühstück: Obstsalat

Zubereitung: Zwei Bananen klein schneiden, die zwei Äpfel von Kerngehäuse befreien, nicht schälen aber gut abwaschen und trockenreiben, klein schneiden. Die Kiwis von der Schale befreien und ebenfalls klein schneiden. Die Orange auspressen, Saft in eine Schüssel geben. Ein EL Honig darin verrühren, Obst hinein geben, durchmischen, fertig.

Mittagessen: Rohkostsalat

Zubereitung: Zwei Kohlrabi und eine Möhre schälen und mit der Küchenmaschine so klein reiben, dass es eine Art Brei ergibt. Das mag vielleicht erst einmal ungewohnt sein, doch lassen Sie sich überraschen. Geben Sie in eine Schüssel die Kräutermischung von Knorr (oder eine andere) und geben nach Packungsanweisung drei EL Wasser und drei EL Olivenöl und einige Kräuter aus der 8-Kräuterpackung, die Sie am Vortag für die Avocadocreme benötigt haben hinzu. Umrühren, das klein geriebene Gemüse unterheben und mit einem aufgebackenen Vollkornbrötchen essen. Das macht für lange Zeit satt und schmeckt überraschend gut. Abends sollten Sie das aber nicht mehr essen, da diese Fertigpackung für ein Salatdressing ziemlich viele Kalorien hat. Der zweite Grund ist: Isst man abends Rohkost, so kann der Körper über Nacht damit nicht so richtig fertig werden und es entsteht Gärung. Diese wiederum äußert sich in Säuren und die müssen dann wieder abgebaut werden, bzw. werden wieder abgelagert. Folge: Gewichtszunahme, obwohl man Rohkost isst.

Abendessen: Blumenkohl

Zubereitung: Für das Abendessen gibt es daher etwas Schonenderes: Dämpfen Sie in einem Dampfkochtopf einen ganzen Blumenkohl und legen Sie ihn auf eine Servierplatte. Schmelzen Sie etwas Butter und gießen Sie diese über den Blumenkohl. Mit Muskatnuss bestreuen, fertig. Ein halber Blumenkohl reicht für den Abend. Die andere Hälfte heben Sie für den folgenden Abend auf. Auch kalt schmeckt das lecker. Sie können ihn auch mit einem Kräuterbaguette essen, wenn Sie glauben, dass Sie nicht satt werden. An diesem Tag haben Sie nur wenige Kalorien zu sich genommen und bis auf ein wenig Zucker in der Salatsoße war alles basisch, so dass dies ein hervorragender Tag ist, um ein warmes Bad in Salzsole oder Seife zu nehmen oder die Salzsocken über Nacht zu tragen.

4. Tag, 1. Woche

Frühstück: Bananenbrei

Zubereitung: Für dieses Frühstück, das ich noch aus meiner Kindheit kenne, zerdrücken Sie zwei Bananen mit der Gabel und mischen diese mit einem TL Honig. Bananen sind sehr sättigend und reich an Kalium. Sie können alternativ zum Honig auch eingeweichte Rosinen oder anderes klein geschnittenes Trockenobst untermischen, da Honig zwar unbestreitbar gesunde Eigenschaften hat, während einer Entsäuerungskur aber so wenig wie möglich Süßes zu sich genommen werden soll. Denn alles, was süß ist, bildet Oxalsäure und die ist genauso schwer abzubauen, wie die anderen Säuren.

Mittagessen: Kartoffelbrei mit Möhren

Zubereitung: Schälen Sie die Möhren und Kartoffeln, schneiden Sie sie klein und dämpfen Sie sie in einem Dampfkochtopf. Die Kartoffeln werden mit dem Pürierstab oder einem einfachen Stampfer püriert. Erhitzen Sie ¼ l Sojamilch in einem Topf, mit Salzsole des Alexandersalzes und etwas Muskatnuss würzen. Das Ganze wird über die Kartoffeln gegossen und diese zu einem Brei verarbeitet. Die Möhren werden in etwas Olivenöl, gewürzt mit einem kleinen Schuss der Salzsole, geschwenkt. Nach Belieben können Sie auch noch einen Salat dazu reichen.

Abendessen: Der Rest des Blumenkohls, eventuell mit Baguette.

Wer abends noch mal Hunger bekommt, kann Obst essen, aber nichts anderes. Das gilt für alle Tage. Obst kann man zwischendurch essen so viel man möchte. Ausnahme: Avocado. Die enthält sehr viel Fett.

5. – 6. Tag

Einkaufsliste für *zwei* Tage
Für das **Frühstück:**
Cornflakes mit Bananen:
2 Bananen (oder anderes Obst nach Geschmack)
Corn Flakes
Sojamilch
Frisch gepresster Saft:
Orangen
Obst freier Wahl, quer durch die Farben
Für das **Mittagessen:**
Kürbisrisotto/Kürbissuppe:
1 Kürbis ca. 1 kg
Naturreis
1 Kartoffel
1 Zwiebel
½ l Gemüsebrühe
100 ml Sojamilch
Für das **Abendessen:**
Zwiebelbrote:
3 kleine Zwiebeln
Gekörnte Gemüsebrühe
Dinkelbrot oder Vollkornbrötchen
Gedünsteter Kohlrabi:
2 Kohlrabi

5. Tag, 1. Woche

Frühstück: Cornflakes

Zubereitung: Diese Cornflakes bereiten Sie nicht mit Kuhmilch, sondern mit der Sojamilch. Schneiden Sie Bananenscheiben oder Trockenobst hinein, soviel Sie wollen, kein Zucker oder Honig.

Mittagessen: Kürbisrisotto

Zubereitung: Da der Naturreis 40 Minuten Garzeit (je nach Sorte auch 30) braucht, geben Sie ihn zuerst in kochendes (Salzsole-) Wasser, schalten die Temperatur niedriger und lassen ihn ziehen.

Da die Schale des Kürbis sehr hart ist, ist die üblich Methode, ihn mit einem Löffel auszuhöhlen, ziemlich mühsam. Ich nehme daher die Brotschneidemaschine, schneide den Kürbis in mehrere Scheiben. Die Kerne lassen sich dann leicht entfernen und die Schale außen herum kann nun leicht abgeschnitten werden.

Die Zwiebel und die Kartoffel werden ebenfalls in kleine Stücke geschnitten und in Olivenöl zusammen mit dem Kürbisfleisch in einem Wok oder eine Pfanne kurz gedünstet.

Gießen Sie nun die Brühe auf und lassen Sie das Ganze 20 Minuten köcheln. Nun gießen Sie die Sojamilch noch dazu und pürieren Sie die Suppe. Würzen Sie sie mit etwas Salzsole. Schöpfen Sie nun die Hälfte der Suppe ab in einen anderen Topf, denn sie gibt das Mittagessen für den nächsten Tag.

Gießen Sie nun das Reiswasser ab und geben den Reis in die Suppe, damit er darin fertig garen kann. Zu dem Risotto passt ein Salat aus frischen Zutaten.

Abendessen: Zwiebelbrote

Zubereitung: Schälen Sie die zwei Zwiebeln und schneiden Sie sie in Ringe. Erhitzen Sie in einer Pfanne etwas Olivenöl und schmoren die Zwiebeln darin glasig. Einen kleinen Tropfen der Salzsole darauf und schon kann die Masse auf zwei Brote verteilt werden.

Dinkel ist das Getreide, das allgemein als das Bekömmlichste gilt. Erkundigen Sie sich daher bei Ihrem Bäcker an welchen Tagen er Dinkelbrot verkauft.

6. Tag, 1. Woche

Frühstück: Orangensaft

Heute Morgen gibt es nur frisch gepressten Orangensaft, dafür in beliebiger Menge. Obst aller Art kann seine hervorragenden und noch gar nicht voll erforschten Wirkungen am besten auf leeren Magen entfalten. Wer später Hunger bekommt, kann daher mit Äpfeln oder anderem Obst das zweite Frühstück bestreiten.

Mittagessen: Kürbissuppe vom Vortag mit Kräuterbaguette

Zubereitung: Die Kürbissuppe vom Vortag erwärmen und mit einigen eingefrorenen Kräutern bestreuen. Währenddessen das Kräuterbaguette backen.

Abendessen: Gedünsteter Kohlrabi

Zubereitung: Den geschälten Kohlrabi in Stücke schneiden und in einem Dampfkochtopf dämpfen. In einem weiteren Topf etwas Olivenöl mit einem Spritzer Salzsole erhitzen und Kohlrabi darin schwenken, anrichten.

7. – 8. Tag

Einkaufsliste für *zwei* Tage
Für das **Frühstück** an zwei Tagen:
Obst eigener Wahl, quer durch die Farben
Für das **Mittagessen:**
Semmelknödel mit Pilzsoße und Rotkohlsalat:
1 Packung Semmelknödel
1 Packung Edelpilzsoße
1 Rotkohl (eine Hälfte für das Mittagessen)
2 Salatkrönung, Küchenkräuter von Knorr
Frische oder gefrorene Kräuter
3 EL Olivenöl
Spaghetti mit Tomatensoße:
5 große Tomaten
1 kl. Dose Tomatenmark
Gekörnte Gemüsebrühe
125 g Spaghetti ohne Ei (Reformhaus)
Olivenöl
Für das **Abendessen:**
Gedünstete Mohrrüben:
4 große Mohrrüben
Olivenöl
Apfelrotkohl:
½ Rotkohl
1 Apfel
5 EL Apfelessig
1 Lorbeerblatt, 2 Nelken
100 ml Wasser
Etwas brauner Zucker

7. Tag, 1. Woche

Frühstück: Obst oder gepresste Säfte

Suchen Sie sich Obst quer durch die Farben aus, da jeder Farbstoff seine eigene positive Wirkung auf den Körper ausübt. Essen Sie bis 12.00 Uhr so viel Obst, wie Sie wollen, da wirkt es am Besten.

Mittagessen: Spaghetti mit Tomatensoße

Zubereitung: Tauchen Sie die Tomaten für drei Minuten in kochendes Wasser. Nehmen Sie sie wieder heraus und pellen Sie die Schale ab. Sie ist unverdaulich. Stellen Sie das Wasser für die Spaghetti auf und schütten Sie etwas von der Salzsole hinein. Nun schneiden Sie die Tomaten und in Stücke, geben in eine Pfanne etwas Olivenöl und erhitzen Sie sie. Nun kommen die Tomaten hinein, die etwa 10 Min. schmoren müssen. Inzwischen kocht das Spaghettiwasser und Sie können daher die Nudeln ins Wasser geben.

Die Tomaten werden nun mit dem Pürierstab püriert und das Tomatenmark hinein gegeben. Schmecken Sie die Soße mit gekörnter Gemüsebrühe ab und streuen noch ein paar gefrorene Kräuter darüber.

Dieses Essen hat nur wenige Kalorien und ist extrem leicht verdaulich. Sie werden daher nachmittags noch einmal Hunger bekommen. Gönnen Sie sich ein schönes Stück Kuchen und trinken Sie Kräutertee dazu.

Trinkt man bis ca. 15.00 Uhr ungefähr einen Liter Kräutertee, so hat der Körper genau in der Zeit, in der er wieder entwässert und entschlackt (nämlich von 15.00 -17.00 Uhr) die besten Voraussetzungen dafür.

Abendessen: Apfelrotkohl

Zubereitung: Eine Hälfte des Rotkohls raspeln (die andere Hälfte benötigen sie morgen), die Zwiebel klein schneiden und alles 5 Minuten mit einem EL Butterschmalz andünsten. Gießen Sie den Essig und 100 ml Wasser dazu, bestreuen Sie das Ganze mit etwas braunem Zucker und lassen es 30 Minuten auf kleiner Flamme schmoren. Schneiden Sie die beiden Äpfel in kleine Stücke und geben Sie diese 5 Minuten vor Ende der Garzeit dazu.

Wenn Ihnen das Gemüse nicht reicht, können Sie eine Scheibe Dinkelbrot dazu essen, aber ohne Belag.

8. Tag, 2. Woche

Wenn Sie die letzte Woche entsprechend meinen Vorschlägen durchgehalten haben, dann wird Ihnen das heutige Menü als Belohnung gefallen. Es wäre passend für einen Sonntag

Frühstück: Obst eigener Wahl

Mittagessen: Semmelknödel mit Pilzsoße und Rotkohlsalat

Zubereitung: Weichen Sie die Knödel in kaltem Salzwasser 10 Min. ein, dann das Wasser zum Kochen bringen und die Knödel ca. 15 Min darin ziehen lassen. Die Edelpilzsoße nach Anweisung mit 300 ml kaltem Wasser anrühren, zum kochen bringen und dann 10 Min. ziehen lassen. Raspeln Sie inzwischen den Rotkohl mit der Küchenreibe in kleine Stücke. Geben die Salatkräutermischung mit 3 EL Wasser und 3 EL Olivenöl in eine Schüssel und verrühren das Ganze. Die Rotkohlraspeln hineingeben, durchmischen, fertig ist ein leckerer Rohkostsalat.

Abendessen: Gedünstete Mohrrüben

Zubereitung: Schälen Sie die Mohrrüben und schneiden Sie sie in Scheiben. Garen Sie sie dann im Dampfkochtopf. Erhitzen Sie etwas Olivenöl mit einem Spritzer Salzsole und wenden Sie die Möhren darin. Auch hier können Sie mit Brot, Brötchen oder Baguette zum Sattwerden ergänzen. Besser ist es aber ohne.

9. – 10. Tag

Einkaufsliste für *zwei* Tage
Für das **Frühstück** von zwei Tagen:
9 EL Kartoffelmehl
5 EL Reismehl
15 EL Dinkelmehl, frisch gemahlen
150 g Sojamargarine
2 EL Honig
9 EL Sojamilch
1 TL Backpulver
Für das **Mittagessen:**
Spinat mit gegrillten Kartoffeln:
1 kl. Packung gefrorener Spinat oder 300 g frischer Spinat
5 Kartoffeln
Olivenöl
Etwas Sojamilch
Bratkartoffeln mit Avocadodip:
5 Kartoffeln
1 Avocado
Mayonnaise (oder: iBi-naise von LebeGesund o. Ei)
1 Zitrone
1 Knoblauchzehe
2 TL Senf
Für das **Abendessen:**
Brot mit Frühlingszwiebeln:
1 Bund Frühlingszwiebeln
1 Mehrkornbrötchen
Sojamargarine
Tomatenbrote:
1 Tomate
1 kleine Zwiebel
2 Scheiben Dinkelbrot

9. Tag, 2. Woche

Frühstück: Waffeln

Zubereitung: Aus den Zutaten mit dem Mixer einen cremigen Teig bereiten. Wenn er noch zu zähflüssig ist mit Milch solange aufgießen, bis der Teig leicht vom Löffel fließt. Er darf aber nicht zu flüssig sein! Inzwischen das Waffeleisen erhitzen und je nach Typ mit Öl einpinseln oder nicht. Backen Sie zwei goldgelbe Waffeln und genießen Sie sie. Der Teig reicht für mindestens weitere zwei Waffeln, die Sie am nächsten Morgen backen können.

Dieses Frühstück hat relativ viele Kalorien.

Mittagessen: Spinat mit gegrillten Kartoffeln

Zubereitung: Dämpfen Sie die ungeschälten Kartoffeln 20 Min. in einem Dampfkochtopf und schälen Sie sie dann. Teilen Sie die Kartoffeln in zwei Hälften und setzen Sie diese auf ein Backblech. Bestreichen Sie sie erst mit Salzsole und dann mit Olivenöl und grillen Sie die Kartoffeln bei 175 Grad auf der obersten Schiene Ihres Backofens. Allerdings sind dann die Vitamine leider wieder abgetötet.

Bereiten Sie aus der geschmolzenen Margarine und dem Dinkelmehl eine Mehlschwitze und gießen etwa ¼ L Wasser auf. Darin schmelzen Sie den gefrorenen Spinat und schmecken ihn mit etwas Salzsole und einem Spritzer Sojamilch ab.

Besser ist natürlich frischer Spinat, der nur 10 Minuten in einem Dampfkochtopf kochen muss. Er ist aber nicht zu jeder Jahreszeit verfügbar. Falls Sie welchen haben: Den Spinat von den Stielen befreien und mit Salzwasser dämpfen. Bereiten Sie auch hier wieder eine Mehlschwitze und gießen Sie die Garflüssigkeit des Spinats darauf. Geben Sie nun den Spinat hinein und pürieren das Ganze, Mit etwas Salzsole und Sojamilch (als „Blub“) abschmecken.

Abendessen: Frühlingszwiebelbrötchen

Zubereitung: Die Frühlingszwiebeln möglichst klein schneiden, mit etwas Kräutersalz bestreuen und auf das mit Margarine (aber nur ganz dünn) bestrichene Brot geben.

10. Tag, 2. Woche

Frühstück: Waffeln. Den Teig vom Vorteig umrühren, gegebenenfalls noch etwas mit Sojamilch verdünnen und ausbacken.

Mittagessen: Bratkartoffeln mit Avocadodip

Zubereitung: Dämpfen Sie die ungeschälten Kartoffeln 20 Min. in einem Dampfkochtopf und schälen Sie sie dann. Die in Scheiben geschnittenen Kartoffeln werden dann goldbraun gebraten und mit etwas Salzsole bespritzt. Für den Dip entfernen Sie den Kern der Avocado und löffeln das Fruchtfleisch heraus. Zerdrücken Sie es mit der Gabel und fügen Sie die Mayonnaise (besser die iBi-naise von der Firma LebeGesund, die keine Eier enthält), 2-3 El Zitronensaft, 1 Msp. zerdrückten Knoblauch und den Senf hinzu und verrühren das Ganze. Abschmecken nach Geschmack. Falls Sie noch ein paar Kräuter greifbar haben, fügen Sie auch diese noch hinzu.

Abendessen: Tomatenbrote

Zubereitung: Da das Frühstück und auch das Mittagessen vergleichsweise kalorienreich waren, sollte das Abendessen dem entsprechend kalorienarm ausfallen.

Zwei Brote dünn mit Sojamargarine beschmieren, Tomatenscheiben darauf legen, mit Kräutersalz würzen und die gewürfelten Zwiebel darüber streuen.

11. – 12. Tag

Einkaufsliste für *zwei* Tage
Für das **Frühstück:**
Obst nach Geschmack quer durch die Farben
Für das **Mittagessen:**
Nudelsalat mit Gemüsebratlinge:
125 g Hörnchennudeln ohne Ei / Reformhaus
Mayonnaise (oder: iBi-naise von LebeGesund o. Ei)
1 kleines Glas Erbsen und Möhren oder 2 frische Möhren und 100 g Tiefkühlerbsen
2 TL Senf
Etwas Sojamilch
2 Gemüsebratlinge oder Gemüseschnitzel / Reformhaus
Spaghetti mit Pesto und Gurkensalat:
½ Packung Nudeln o. Ei
1 Glas Pesto (von LebeGesund)
oder alternativ, selber machen:
5 Bund Kräuter nach Geschmack
z.B. 2 Basilikum und 3 Petersilie
80 g. Pinienkerne
2 Knoblauchzehen
50 g Parmesan
1/8 L Kretaolivenöl
½ TL Salz
1 Msp. Pfeffer
1 Mörser, falls Sie noch keine besitzen
1 Gurke, falls Sie die vom Vortag nicht mehr haben
Für das **Abendessen:**
Dinkelbrot
Evtl. Sojamargarine
Salatgurke
Obst, eine Orange und etwas Honig

11. Tag, 2. Woche

Frühstück: Obst

Von nun an gibt es morgens nur noch Obst, weil der Körper das morgens am leichtesten verstoffwechseln kann. Sie können aber auch mit den Frühstücksvorschlägen der ersten 10 Tage abwechseln.

Mittagessen: Nudelsalat mit Gemüsebratling

Zubereitung: Garen Sie die Nudeln bissfest und lassen Sie sie abkühlen. Geben Sie in eine große Schüssel die Reste des Glases iBi-naise von Tag 10 oder 3 EL herkömmlicher

Mayonnaise (ist allerdings sehr fett und enthält Eier) und den Senf. Gießen Sie einen kleinen Spritzer der Salzsole und etwas Sojamilch dazu um die Marinade sämig zu bekommen. Nun geben Sie die Nudeln, die Erbsen und Möhren (bei frischen Möhren vorher natürlich dämpfen und die gefrorenen Erbsen kurz mit aufheizen) hinzu. Umrühren, abschmecken fertig.

Die zwei Gemüsebratlinge wie Fleisch knusprig braten. Aber essen Sie nur einen davon, denn der zweite wird das Abendessen.

Abendessen: Gemüsebratling auf Dinkelbrot

Den Gemüsebratling auf ein Dinkelbrot legen, eventuell mit drei Scheiben Salatgurke garnieren. Margarine, Butter oder ähnliche Aufstriche möglichst meiden (gehärtete Fette säuern), doch wer nicht darauf verzichten will, darf auch mal „sündigen".

Keine Angst, die Salatgurke verwenden wir am übernächsten Tag weiter, hier wird nichts verschwendet.

12. Tag, 2. Woche

Frühstück: Obst eigener Wahl, quer durch die Farben.

Mittagessen: Nudeln mit Pesto

Zubereitung: Falls Sie die Pestosoße selber machen wollen, gehen Sie wie folgt vor: Waschen Sie die Kräuter und zupfen Sie sie von den Stängeln. Den Knoblauch schälen und grob zerkleinern

Auch die Pinienkerne werden grob zerkleinert. Sie werden nun mit den Kräutern zusammen portionsweise im Mörser fein zerkleinert. Den Parmesan entrinden und fein reiben. Erst den Käse und dann das Öl nach und nach unterrühren, bis die Masse schön sämig ist. Das Pesto mit Salz und Pfeffer abfüllen und mit einer Schicht Öl abdecken. Diese Menge reicht für mehrere Nudelmahlzeiten. Es geht auch ohne den Parmesan, da Käse wieder tierische Eiweiße enthält, sollte man auf ihn möglichst verzichten.

Bereiten Sie nun die Nudeln zu und mischen Sie einen EL Pesto darunter. Essen Sie einen Salat eigener Wahl dazu. Am besten einen Gurkensalat, aus der Gurke vom Vortag. Bereiten Sie dazu entweder eine Essig-Öl-Marinade zu oder nehmen Sie eine Fertigsoße.

Abendessen: Obstsalat aus dem Obst, das gerade vorhanden ist. Die Orange auspressen, alles Obst klein schneiden, den Honig unterrühren, fertig.

13. – 14. Tag

Einkaufsliste für *zwei* Tage
Für das **Frühstück:**
Obst nach Geschmack quer durch die Farben
Für das **Mittagessen:**
Gemüsepaella:
200 g Naturreis
Je eine kleine rote und grüne Paprikaschote
1 Zwiebel
1 Knoblauchzehe
2 Tütchen Safranfäden
1 l Gemüsebrühe
100 g Tiefkühlerbsen
100 g Pilze
1 kleine Zucchini
Kräuter nach Geschmack
Sellerieschnitzel mit Kartoffelsalat:
1 ca. 1 cm dicke Scheibe Sellerie
1 Ei, Paniermehl alternativ: Mehl, Sojamilch u. iBi-pur von LebeGesund
5 Kartoffeln
1 Glas iBi-naise (oder Mayonnaise)
2 TL Senf
Etwas Sojamilch
Für das **Abendessen:**
2 kleine rote Beete
1 Zwiebel
½ TL Meerrettich
4 Wachholderbeeren
1 Nelke
Ein TL Zucker
4 EL Essig und die vierfache Menge Wasser
1 Mehrkornbrötchen frisch oder gefroren

13. Tag, 2. Woche

Frühstück: Obst

Mittagessen: Gemüsepaella

Zubereitung: Das Gemüse können Sie je nach Geschmack auch variieren.

Zubereitung: Den Naturreis in der Gemüsebrühe zum Kochen bringen und darin 40 Min. ziehen lassen. Die Zwiebel und den Knoblauch abziehen und fein hacken. Das restliche Gemüse putzen und klein schneiden. Ca. 20 Min. bevor der Reis fertig ist, geben Sie die

Zwiebel- und Knoblauchstücke in einen Wok oder eine großen Pfanne und dünsten es. Dann gebe Sie das restliche Gemüse dazu und braten es kurz mit an. Geben Sie nun die Gemüsebrühe zusammen mit dem Reis und den Safran dazu. Und lassen das Ganze noch ca. 20 Minuten weiterköcheln. Mit Salzsole und Kräutern nach Geschmack abschmecken.

Abendessen: Reis hat hervorragende entwässernde Eigenschaften, daher können Sie sich die Reste vom Mittagessen nun zu Gemüte führen.

Das Abendessen für den nächsten Abend sollte heute schon bereitet werden:

Die Rote Beete nicht schälen sondern ganz im Dampfkochtopf eine Stunde garen, abkühlen lassen und dann in Scheiben schneiden. Inzwischen die Zwiebel schälen und in Ringe schneiden, in eine Schüssel zu den Rote Beetescheiben geben. Den Essig, das Wasser und die übrigen Zutaten in einem Kochtopf aufkochen lassen und über die Beete schütten.

14. Tag, 2. Woche

Frühstück: Obst

Mittagessen: Sellerieschnitzel mit Kartoffelsalat

Zubereitung: Die Kartoffeln im Dampfkochtop garen. Eine Marinade aus 3 EL iBi-naise (oder wer noch Mayonnaise ist, eben die), Senf und Sojamilch bereiten und mit Salzsole abschmecken. Die Kartoffeln nach dem Abkühlen in Scheiben schneiden und unter die Marinade heben.

Die Scheibe Sellerie schälen und dann mit Salz, Pfeffer und etwas Edelsüßpaprika würzen, in Ei und Semmelbrösel wälzen und von beide Seiten goldbraun braten. Wer konsequent alles vermeiden will, was den Körper wieder versäuert, sollte jedoch die Alternative wählen. Den Sellerie wie eben beschrieben würzen und dann in Mehl wenden. Etwas Sojamilch mit iBi-pur von Lebegesund mischen und die Selleriescheibe darin ebenfalls wenden und dann braten.

Abendessen: Rote Beete.

Die Rote Beete am Vorabend zubereiten (siehe Tag 13) und im Kühlschrank aufbewahren. Sie hält sich mindestens eine Woche. Daher können auch größere Mengen zubereitet und an mehreren Tagen gegessen werden.

Wer glaubt, nicht satt werden zu können, kann ein Mehrkornbrötchen dazu essen.

Die Mahlzeiten für die nächste Woche werden nicht zweitageweise zusammengefasst sondern jeder Tag für sich behandelt.

Sie sind für eine Person ausgerichtet.

15. Tag, 3. Woche

Einkaufsliste für *einen* Tag
Für das **Frühstück:**
Müsli
Dinkel vom Biobauern
10 Erdbeeren (oder gefrorene Himbeeren, wenn keine Erdbeersaison ist)
1 Banane
Sojamilch
Gemahlene Nüsse (am besten frisch gemahlen)
Für das **Mittagessen:**
Ungarische Nudeln:
125 g Spätzle o. Ei
Gekörnte Gemüsebrühe
1 Zwiebel
Edelsüßpaprika
1 kleine Dose geschälte Tomaten oder zwei frische
2 EL saure Sahne (ausnahmsweise etwas Tierisches)
1 Gemüseschnitzel
Für das **Abendessen:**
Rohkostsalat
1 Fenchelknolle
1 Mohrrübe
1 Packung Knorr Kräutersalatsoße (oder eigene Soße)
3 EL Olivenöl
1 Scheibe Vollkornbrot
Kräuter nach Geschmack

Frühstück: Frischkornmüsli

Zubereitung: Bereits am Vortag sollten Sie etwa eine halbe Handvoll Dinkel grob malen und in Sojamilch einweichen. Die Mischung sollte gut durchfeuchtet sein. Am Morgen geben Sie die Masse in eine Schüssel, fügen einen EL Honig hinzu. Rühren Sie die Masse, bis sich die Getreideklumpen aufgelöst haben.

Schneiden Sie eine Banane und die Erdbeeren in kleine Stücke und fügen Sie sie hinzu. Streuen Sie gemahlene Nüsse nach eigenem Geschmack darüber, alles mischen, fertig. Ist es Ihnen nicht süß genug, so geben Sie noch etwas Honig oder kleingeschnittenes, eingeweichtes Obst dazu.

Mittagessen: Ungarische Nudeln

Zubereitung: Geben Sie die Spätzle in kochendes Salzwasser. Braten Sie die Gemüseschnitzel in Olivenöl von beiden Seiten kurz an und stellen Sie sie warm. Dünsten Sie nun die klein geschnittenen Zwiebeln im gleichen Öl kurz an und bestäuben Sie sie dann mit Edelsüßpaprika. Nehmen Sie die Pfanne kurz von der Platte und schneiden Sie die Tomaten aus der Dose klein. Haben Sie sich für frische Tomaten entschieden, so tauchen Sie diese für drei Minuten in kochendes Wasser (nehmen Sie ruhig das Nudelwasser) und holen Sie wieder heraus. Nun kann man die Tomaten gut enthäuten und klein schneiden. Stellen Sie nun die Pfanne wieder auf die heiße Herdplatte und geben Sie die Tomaten zusammen mit dem Saft darüber. Bei frischen Tomaten lassen Sie das Ganze ca. 10 Min. köcheln. Dann rühren Sie etwas gekörnte Gemüsebrühe und die zwei EL saure Sahne unter und schmecken die Soße ab.

Abendessen: Rohkostsalat

Zubereitung: Die Mohrrübe und den Fenchel putzen und mit der Küchenmaschine klein reiben. In einer Schüssel nach Packungsangabe die Fertigsoße mit 3 EL Öl und 3 EL Wasser die Salatsoße anrühren oder nach eigenem Geschmack die eigene Salatsoße zubereiten. Das klein geriebene Gemüse untermischen und mit frischen oder gefrorenen Kräutern verfeinern. Zusammen mit dem Vollkornbrot genießen.

Da Rohkost, zu spät gegessen, Gärung (und damit giftige Gase) im Verdauungstrakt verursachen kann, sollten Sie sie nicht nach 17.00 Uhr verzehren. Sollten Sie noch einmal Hunger bekommen, essen Sie Obst.

16. Tag, 3. Woche

Einkaufsliste für einen Tag
Für das **Frühstück:**
Waffeln
2 Eier (ausnahmsweise tierisches Eiweiß)
4 EL Vollkorndinkelmehl
4 EL Kartoffelmehl
2 EL Akazienhonig
100 g Sojamargarine
9 EL Sojamilch
1 TL Backpulver
Für das **Mittagessen:**
Sauerkrautsuppe:
125 g Sauerkraut
1 Zwiebel
1 EL Öl
1 Cabanossi
3 Kartoffeln
0,5 L Gemüsebrühe
Etwas Salzsole
Für das **Abendessen:**
Selbstgebackenes Dinkelbrot
1100 g Vollkorndinkelmehl
400 g Reismehl
Etwas Salzsole
2 Hefewürfel oder 2 Päck. Trockenhefe
2 Gläser Wasser
Vegetarische Pastete

Frühstück: Waffeln

Zubereitung: Aus den Zutaten mit dem Mixer einen cremigen Teig bereiten. Wenn er noch zu zähflüssig ist mit Milch solange aufgießen, bis der Teig leicht vom Löffel fließt. Er darf aber nicht zu flüssig sein! Inzwischen das Waffeleisen erhitzen und je nach Typ mit Öl einpinseln oder nicht. Backen Sie zwei goldgelbe Waffeln und genießen Sie sie. Der Teig reicht für mindestens weitere zwei Waffeln, die Sie am nächsten Morgen backen können. Dieses Frühstück hat relativ viele Kalorien.

Mittagessen: Sauerkrautsuppe

Zubereitung: Die Zwiebel und Kartoffeln schälen. Zwiebeln hacken, Kartoffeln in Scheiben schneiden. Öl in einem Wok oder einer großen Pfanne erhitzen und die Zwiebel darin glasig dünsten, dann die Kartoffeln zugeben und kurz mitdünsten, mit Brühe ablöschen. Sauerkraut zugeben und bei schwacher Hitze ca. 10 Min. köcheln lassen. Cabanossi klein schneiden und in der Suppe erwärmen und mit etwas Salzsole abschmecken.

Abendessen: Selbstgebackenes Dinkelbrot

Selbstgemahlenes oder gekauftes Dinkelvollkornmehl in eine Schüssel geben. Das Reismehl und die zerbröckelte Hefe dazugeben. Etwa ein halbes Glas Salzsole darüber gießen und das Ganze mit einem Holzlöffel verrühren. Vom restlichen Wasser so viel dazugeben, dass die Masse durchfeuchtet ist und es keine trockene Stelle mehr gibt. Decken Sie die Schüssel mit einem Handtuch zu und lassen Sie sie eine Viertelstunde bei ca. 50 Grad im Bachofen gehen. Nehmen Sie die Masse und gebe Sie sie in eine Brotbackform oder in eine runde Kuchenform und backen Sie sie bei Umluft ca. mit 200 Grad 40 Minuten lang.

Dieser Laib Brot reicht für Ihre ganze Familie ca. eine Woche. Dinkelbrot wird nicht so schnell alt und kann lange gegessen werden. Falls Ihnen die Menge zu groß ist, dann halbieren Sie alle Zutaten. Sie können auch klein geriebenes Gemüse, z.B. Möhren, mit unter den Teig mischen, um eine Geschmacksabwechslung zu erreichen.

Da dies Brot relativ leicht zerbröckelt kann man es im Grunde erst ab dem 3. Tag mit der Brotschneidemaschine schneiden, ohne dass es zerreißt.

Bestreichen Sie das frisch gebackene Brot mit einer vegetarischen Pastete, die es im Reformhaus in großer Auswahl gibt und genießen Sie Ihr eigenes Brot.

17. Tag, 3. Woche

Einkaufsliste für einen Tag
Für das **Frühstück:**
½ Avocado vom Vortag
Für das **Mittagessen:**
Gemüsereis:
125 g Naturreis
1 Zucchini
1 Möhre
Etwas Salzsole
1 EL Öl
Für das **Abendessen:**
Gurkenbrot
1 Salatgurke
1 Avocado
Kräutersalz

Frühstück: Teilen Sie die Avocado in zwei Hälften und packen Sie die eine Hälfte in A-lufolie und legen Sie sie in den Kühlschrank. Sie wird das Abendessen. Bestreichen Sie die andere Hälfte mit etwas Salzsole. und löffeln Sie sie aus der Schale heraus.

Mittagessen: Gemüsereis

Zubereitung: Kochen Sie den Naturreis nach Packungsangabe. Schälen Sie die Möhre und schneiden Sie sie in kleine Streifen. Auch die Zucchini wird in kleine Streifen geschnitten, nachdem die Schale gewaschen wurde. Öl in einer Pfanne ca. 10 Min. vor Fertigstellung des Reises erhitzen und das Gemüse darin unter Wenden dünsten, mit etwas Salzsole würzen, die Platte herunterschalten und im eigenen Saft schmoren lassen. Den Reis abgießen und das Gemüse unterheben. Eventuell mit Samen, Sprossen und/oder Kräutern bestreuen.

Abendessen: Gurkenbrot

Da das Mittagessen sehr kalorienarm war, dürfen Sie sich heute Abend eine halbe Avocado gönnen, die zu den kalorienreichsten Früchten zählt. Nehmen Sie mit einem Löffel erst den Kern und dann das Fruchtfleisch aus der anderen Hälfte. Schneiden Sie es in Scheiben und belegen damit eine Scheibe des selbstgebackenen oder gekauften Vollkornbrotes. Streuen Sie etwas Kräutersalz darüber und legen Sie ein paar Gurkenscheiben darüber, die wiederum mit etwas Salzsole bestrichen werden. Kräuter obendrauf tun ihr übriges, um ein wirklich gesundes und lecker aussehendes Abendessen vor sich zu sehen.

18. Tag, 3. Woche

Einkaufsliste für einen Tag
Für das **Frühstück:**
Honigbrote
Dinkelbrot
Akazienhonig
Für das **Mittagessen:**
Zwiebeleintopf:
3 Kartoffeln
1/ kg Zwiebeln
1 Karotte
1 Tasse gefrorene Erbsen
1 L Gemüsebrühe
Tomatenmark
Etwas Salzsole
Kräuter nach Geschmack
Cayennepfeffer
1 EL Öl
Für das **Abendessen:**
Tomatenbrot
1 Tomate
1/2 Zwiebel
Kräutersalz

Frühstück: Honigbrote

Zubereitung:

Beschmieren Sie die Brote nur dünn mit Margarine, besser gar nicht, und geben Sie dann den Honig darauf.

Mittagessen: Zwiebeleintopf

Zubereitung: Gemüsebrühe zum Kochen bringen. Zwiebeln schälen, würfeln und in Öl andünsten und dann in die Brühe geben. Kartoffeln würfeln und dazugeben, 20 Min. köcheln lassen, dann Karotte und Erbsen zufügen mit Kräutergewürzsalz und Salzsole abschmecken.

Abendessen: Tomatenbrot

Zwei Brote dünn mit Sojamargarine beschmieren, Tomatenscheiben darauf legen, mit Kräutersalz würzen und die gewürfelten Zwiebel darüber streuen.

19. Tag, 3. Woche

Einkaufsliste für einen Tag
Für das **Frühstück:**
Obst nach Geschmack
Für das **Mittagessen:**
Pilzragout mit Klößen (reicht für 2 Tage):
100 g Champignon
100 g Austernpilze
1 Zwiebel
2 Knoblauchzehen
¼ L Sojamilch
1/8 L Gemüsebrühe
1 Topf Petersilie
Cayennepfeffer
1 EL Öl
1 Packung Semmelknödel
Etwas Salzsole
Für das **Abendessen:**
Brot mit Paste aus dem Pilzragout
Brot
3 EL Pilzragout v. Mittagessen

Frühstück: Obst

Mittagessen: Pilzragout mit Klößen

Zubereitung: Klöße in kaltem Salzwasser ziehen lassen, ab und zu wenden. Das Wasser dann mit Klößen zum Kochen bringen. Inzwischen alle Pilze klein schneiden. Zwiebel und Knoblauch fein würfeln und beides in Öl glasig dünsten. Pilze zufügen, etwas Salzsole darüber gießen und unter Wenden 5 Minuten anbraten. Milch aufgießen gut würzen und dann mit Petersilie bestreuen. Aber vorsichtig mit dem Cayennepfeffer. Um die Soße zu binden, rühren Sie etwas Kartoffelmehl mit Wasser an und geben es in die Soße, aufkochen lassen, fertig. Dazu passt hervorragend frischer Salat.

Abendessen: Brot mit Paste

Zubereitung: Schöpfen Sie von der Mittagssoße 4 EL ab und geben Sie es in einen kleinen Topf. Erwärmen Sie die Soße auf kleiner Flamme und lassen Sie sie leise köcheln, so dass immer mehr Feuchtigkeit entweichen kann. Unbedingt immer wieder umrühren, sonst brennt die Soße an. Sie soll eine streichbare Konsistenz erhalten. Wenn Sie keine Zeit haben, dabei zustehen, stellen Sie den Topf in den 100 Grad erwärmten Umluft-Backofen und reduzieren Sie auf diese Weise die Feuchtigkeit. Die dabei entstehende Paste schmeckt hervorragend auf dem Dinkelbrot, garniert mit einigen Scheiben der Salatgurke von Tag 17.

20. Tag, 3. Woche

Einkaufsliste für einen Tag
Für das **Frühstück:**
Obst nach Geschmack
Für das **Mittagessen:**
Gurkenpfanne mit Soja:
Soja-Kost für Gerichte nach Hackfleisch-Art (z.B. von Hensel)
Gekörnte Hefebrühe
1 gelbe Paprika
200 g Tomaten
1 Zwiebel
1 kleine Gurke
1/ 4 l klare Brühe
1 Topf Petersilie
Edelsüßpaprika
1 EL Öl
Etwas Salzsole
1 Baguette
Für das **Abendessen:**
Rote-Beete-Salat
1 große rote Beete (roh)
1 Salatsoße von Knorr, Küchenkräuter
3 EL Öl
Frische oder eingefrorene Kräuter
Dinkelbrot
Kräuterbutter (ausnahmsweise tierisches Eiweiß)

Frühstück: Obst

Mittagessen: Gurkenpfanne mit Soja

Zubereitung: 1 Portionsbeutel „Soja für Gerichte nach Hackfleischart" in 200 g kaltem Wasser einweichen. Dem Wasser einen TL der gekörnten Hefebrühe zusetzen. Paprika putzen, waschen und in schräge Streifen schneiden. Tomaten waschen, vierteln. Zwiebeln schälen und in Spalten schneiden. Gurke schälen, das bittere Ende zum Stielende hin abschneiden. Gurke der Länge nach aufschneiden. Kerne mit einem Teelöffel herausschaben. Gurke nochmals der Länge nach halbieren und in kleine Stücke schneiden. Fett in einer Pfanne erhitzen. Das Sojahack darin unter Wenden anbraten. Die Zwiebelspalten dazugeben. Mit Salzsole und Pfeffer würzen. Vorbereitetes Paprika- und Gurkengemüse zufügen, die Brühe angießen. Bei mittlerer Hitze unter Wenden 10 Min. schmoren lassen. Mit Salz, Pfeffer und Paprika abschmecken. Das Baguette backen. Oder Reis dazu servieren. Die Menge müsste für zwei Tage reichen. Dazu passt hervorragend frischer Salat.

Abendessen: Rote-Beete-Salat

Zubereitung: Schälen Sie die rohe rote Beete am besten mit Einweghandschuhen, da die rote Farbe nicht so schnell wieder von den Fingern ab geht. Reiben Sie sie dann mit der Küchenmaschine zu Brei. Bereiten Sie die Soße nach Packungsangabe zu, indem Sie den Packungsinhalt mit 3 EL Öl und 3 EL Wasser mischen. Geben Sie Kräuter und eventuell eingeweichte Samen und Keimlinge dazu. Die rote Beete untermischen. Kräuterbutter aufs Brot und zum Salat essen. Aber nicht nach 17.00 Uhr!

21. Tag, 3. Woche

Einkaufsliste für einen Tag
Für das **Frühstück:**
Obst nach Geschmack
Für das **Mittagessen:**
Gefüllte Kartoffeln:
10 fest kochende Kartoffeln
1 kleine Zucchini
Je 1 kleine gelbe und rote Paprika
1 Knoblauchzehe
½ Topf Petersilie
½ Topf Thymian
8 EL Öl
2 EL Apfelessig
Etwas Salzsole
Für das **Abendessen:**
Kartoffeln mit Dip
3 El Mayonnaise (oder IBi-naise o. tierisches Eiweiß)
1 TL Senf
Etwas Salzsole
½ Topf Petersilie
½ Topf Thymian
Etwas Sojamilch

Frühstück: Obst

Mittagessen: Gefüllte Kartoffeln

Zubereitung: Die Kartoffeln waschen, im Dampfkochtopf 20 Min. garen, abschrecken, pellen. Fünf Knollen (die anderen fünf sind für das Abendessen) etwas aushöhlen, den Inhalt aufheben. Zucchini klein schneiden. Paprika von den weißen Häutchen und Kernen befreien und klein schneiden. Das Gemüse mit den Kartoffelresten in Öl andünsten. Knoblauch schälen und den Saft über dem Gemüse auspressen. Die Kräuter waschen und von den Stielen zupfen, hacken. Salz, Thymian und Petersilie unter das Gemüse heben und die Masse in die Kartoffeln füllen.

Abendessen: Kartoffeln mit Dip

Zubereitung: 3 EL Mayonnaise (oder IBi-naise von LebeGesund), Senf, etwas Salzsole und ein wenig Sojamilch sämig rühren. Die Kräuter von den Stielen zupfen, klein hacken und unter den Dip ziehen. Die restlichen Kartoffeln vom Mittagessen schmecken kalt mit diesem Dip ganz hervorragend.

22. Tag, 4. Woche

Einkaufsliste für einen Tag
Für das **Frühstück (reicht für zwei Tage):**
Selbstgemachte Müsliriegel (reicht für 4 Riegel):
30 g Butter
100 g Honig
150 g kernige Haferflocken
50 g Haferfleks
30 g gehackte Haselnüsse
30 g Sonnenblumenkerne
Je 30 g Trockenpflaumen,- birnen- aprikosen und Rosinen
Essbares Papier
Für das **Mittagessen:**
Paprikaragout süß-sauer:
1 Beutel (250 g)Naturreis
1 gelbe, 1 grüne Paprikaschote
2 Zwiebeln
1 kleine Zucchini
2 Tomaten
½ Ananas
½ EL edelsüß-Paprika
1 EL Obstessig
Etwas Salzsole
Für das **Abendessen:**
Brötchen mit selbstgemachter Lebenswurst:
100g Grünkern
200 g Gemüsebrühe
150g Zwiebeln
80 g Butter
Koriander, gemahlen
Packung gefrorene Kräuter (8)
Muskat
Kräutersalz
Etwas Salzsole

Frühstück: Müsliriegel

Hat man morgens wenig Zeit, sollte man die Riegel am Vortag zubereiten.

Zubereitung: Die Butter und den Honig in einem Topf schmelzen. Die Haferflocken, Haferfleks, gehackten Nüsse und Sonnenblumenkerne untermischen. Und unter ständigem Rühren goldbraun rösten. Das Trockenobst zerkleinern und unterheben. Ein Backblech mit Backpapier auslegen, die Masse darauf streichen und bei 150 Grad auf der mittleren Schiene etwa 10 bis 15 Minuten backen. Solange der Teig noch warm ist in Riegel schneiden und in das essbare Papier einwickeln. In einer gut verschlossenen Dose aufbewahrt bleiben die Riegel schön kross und können als Frühstück für die ganze Woche dienen.

Zwei der Riegel dürfen Sie essen, die anderen sind für den nächsten Morgen gedacht.

Diese Riegel eignen sich auch gut als gesundes Pausenbrot für Schulkinder.

Mittagessen: Paprikaragout süß-sauer

Zubereitung: Den Reis je nach Sorte 30 bis 40 Min. in Salzwasser kochen. Inzwischen die Paprikaschoten halbieren von Kernen und weißen Häutchen befreien, in Streifen schneiden. Die Zwiebel häuten, und in Würfel schneiden. Zucchini waschen und in kleine Stücke schneiden. Die Tomaten 3 Min. in heißes Wasser tauchen, häuten und in Spalten schneiden. Die halbe Ananas in Scheiben schneiden, das mittlere Stück und die Schale entfernen, in ca. 1cm große Stücke schneiden.

Gemüse und Obst portionsweise in Öl anbraten und bis auf die Zucchini im Topf vermengen. Mit Salzsole, Paprika und Essig abschmecken und 15 Min. sämig köcheln lassen. Zucchini unterheben und 5 Minuten ziehen lassen. Das Ragout zum Reis servieren.

Abendessen: Brötchen mit Lebenswurst (Grünkern-Zwiebel-Aufstrich)

Zubereitung: Den Grünkern fein mahlen und mitkochender Gemüsebrühe zu einem zähflüssigen Brei verrühren. Diese Masse ca. eine Stunde abgedeckt ausquellen lassen. In der Zwischenzeit die Zwiebeln schälen, würfeln und kurz mit wenig Wasser dämpfen. Nach der Quellzeit die Butterstücke nach und nach mit dem Kochlöffel in die Masse einarbeiten. Zwiebelwürfel dazugeben und mit der halben Packung der gefrorenen Kräuter, dem Muskat, Kräutersalz und der Salzsole kräftig abschmecken. Dieser Aufstrich hält 3-4 Tage im Kühlschrank aufbewahrt.

23. Tag, 4. Woche

Einkaufsliste für einen Tag
Für das **Frühstück:**
Selbstgemachte Müsliriegel vom Vortag
Für das **Mittagessen:**
Gurkenpuffer:
2 Salatgurken
1 Zwiebel
1 Tasse gehackte Petersilie
1 TL gehackte Pfefferminzblätter
2 EL Paniermehl
Etwas Salzsole
Pfeffer
Muskatnuss
4 EL Mehl
Öl für die Pfanne
Für das **Abendessen:**
Süßer Lauchsalat:
1 Stange Lauch
1 Glas Ibinaise von LebeGesund oder Mayonnaise
1 Glas
1 TL Senf
Ein Schuss Ananassaft
125 g Dinkelnudeln ohne Ei
1 Apfel
Etwas Salzsole

Frühstück: Selbstgemachte Müsliriegel

Zubereitung: Keine Arbeit, da die Müsli vom Vortag noch gegessen werden können.

Mittagessen: Gurkenpuffer (dies ist ein Rezept von der Firma LebeGesund)

Zubereitung: Die Gurken fein reiben und gut ausdrücken. Die Zwiebel fein hacken und zusammen mit der Petersilie, den Pfefferminzblättern, dem Paniermehl unter die Masse rühren. Mit Salzsole, Pfeffer und Muskat abschmecken und dann 10 Minuten stehen lassen.

Aus der Masse Puffer formen, im Mehl wenden und im Öl beidseitig ausbacken.

Abendessen: Süßer Lauchsalat

Zubereitung: Die Nudeln bissfest garen, abtropfen und abkühlen lassen. Ein EL der Mayonnaise in eine Schüssel geben, den TL Senf unterrühren und ca. einen EL Ananassaft und etwas Salzsole (ca. 1 TL) ebenfalls einrühren. Den Apfel entkernen und mit Schale in Würfel schneiden. Den Lauch waschen und in Ringe schneiden. Alle Zutaten in die Schüssel geben und gut durchmischen.

24. Tag, 4. Woche

Einkaufsliste für einen Tag
Für das **Frühstück:**
Powerdrink, Banane:
¼ L Sojamilch
2 vollreife Bananen
Für das **Mittagessen:**
Kartoffelpfanne indische Art:
1 Blumenkohl
1 Zwiebel
200 g Champignon
4 Tomaten
150 g Kartoffeln
Etwas Salzsole
Mildes Currypulver
50 g Sojacreme
Öl für die Pfanne
Etwas Salzsole
Für das **Abendessen:**
Blumenkohlsalat:
1 Pck. Salatsoße oder eigene Soße
1 Vollkornbrötchen
Die restlichen Zutaten sind bei der Liste für das Mittagessen enthalten

Frühstück: Powerdrink, Banane

Zubereitung: In den nächsten Tagen gibt es flüssiges Frühstück. Wer Vormittags noch Hunger bekommt, kann noch beliebig viel Obst essen.

Geben Sie die Sojamilch in ein hohes Gefäß und die Bananen in Stücken geschnitten dazu. Nun pürieren Sie die Bananen und fertig ist ein schnelles Frühstück mit viel Power.

Mittagessen: Kartoffelpfanne indische Art

Zubereitung: Den Blumenkohl putzen und waschen und die Hälfte für das Abendessen in den Kühlschrank legen. Die andere Hälfte in Röschen teilen. Die Zwiebeln schälen und klein hacken. Ca. 100 g der Pilze putzen und in ungefähr gleich große Stücke teilen. Kartoffeln schälen und vierteln. Zwei Tomaten in kochendem Wasser überbrühen und die Haut abziehen. In Stücke schneiden.

Olivenöl in einer Pfanne erhitzen und das Curry einrühren und anrösten. Zwiebeln darin dünsten. Kartoffeln, Blumenkohl und Pilze unterrühren und 6-8 Minuten braten. Noch mal ein EL Curry und 200 ml Wasser dazugeben. Mit Salzsole würzen. Unter gelegentlichem Umrühren das Ganze 10-15 Minuten köcheln lassen, die Tomaten zugeben und nochmals 10 Minuten köcheln. Die Sojacreme dazugeben und noch mal mit Salzsole und Curry abschmecken.

Abendessen: Blumenkohlsalat

Zubereitung: Den Blumenkohl entweder 20 Minuten dämpfen oder roh in Röschen teilen. Die zwei restlichen Tomaten sowie die restlichen Champignons klein schneiden. Die Soße nach Packungsangabe oder nach eigenem Rezept bereiten und die Zutaten untermischen.

25. Tag, 4. Woche

Einkaufsliste für einen Tag
Für das **Frühstück:**
Powerdrink, Heidelbeere:
¼ L Sojamilch
2 Tassen voll Heidebeeren (bei gefrorener Ware, erst auftauen lassen)
Für das **Mittagessen:**
Gefüllte Zucchini:
1 kleine Zuchini
1 Zwiebel
1 Kohlrabi
1 Tomate
200 g Naturreis
Etwas Salzsole
¾ L L Gemüsebrühe
Für das **Abendessen:**
Reissalat:
1 Glas Ibinaise von LebeGesund (oder Mayonnaise)
1 TL Senf
Etwas Sojamilch
1 kleine Salatgurke
2 Tomaten

Frühstück: Powerdrink, Heidelbeere

Zubereitung: Geben Sie die Sojamilch in ein hohes Gefäß und die Heidelbeeren dazu. Nun pürieren Sie alles und fertig ist ein schnelles Frühstück mit viel Power.

Mittagessen: Gefüllte Zucchini

Zubereitung: Den Naturreis in einem halben Liter der Gemüsebrühe leicht 30-40 Minuten (je nach Sorte) köcheln lassen. Inzwischen die Zucchini halbieren, aushöhlen, dabei das Fleisch aufheben. Die Zucchinihälften in einem Dampfkochtopf 20 Min. garen. Nun die Tomate 3 Minuten überbrühen, danach die Haut abziehen und klein schneiden. Die Zwiebel schälen und würfeln. Inzwischen das Öl erhitzen und den Kohlrabi putzen und in Würfel schneiden. Die Zwiebeln glasig dünsten und das restliche Gemüse (auch das kleingeschnittene Zucchinifleisch) etwa 3 Minuten anbraten. Danach die restliche Gemüsebrühe zugeben und köcheln lassen. Die fertigen Zucchinihälften leicht salzen und auf einen Teller geben. Die Hälfte des Reises (die andere Hälfte ist für das Abendessen) und das Gemüse abgießen, in einer Schüssel vermischen und dann in die Zucchini füllen.

Abendessen: Reissalat

Zubereitung: 1 EL Ibinaise (bzw. Mayonnaise) mit dem Tl Senf und etwa zwei EL Sojamilch verrühren. Die Tomaten und die Gurke in kleine Stücke scheiden und mit dem Reis unter die Soße heben. Essen sie kein Brot oder Ähnliches dazu, da die Soße schon relativ viele Kalorien enthält.

26. Tag, 4. Woche

Einkaufsliste für einen Tag
Für das **Frühstück:**
Powerdrink, Himbeere:
¼ L Sojamilch
2 Tassen voll Himbeeren (bei gefrorener Ware, erst auftauen lassen)
Für das **Mittagessen:**
Sauerkrautsuppe:
1 Zwiebeln
300 g Kartoffeln
1 EL Öl
750 ml Gemüsebrühe
1 rote Paprika
2 vegetarische Würstchen
Etwas Salzsole
Für das **Abendessen:**
Brötchen mit selbstgemachter Lebenswurst:
1 Brötchen

Frühstück: Powerdrink, Himbeere

Zubereitung: Geben Sie die Sojamilch in ein hohes Gefäß und die Himbeeren dazu. Nun pürieren Sie alles und fertig ist ein schnelles Frühstück mit viel Power.

Mittagessen: Dinkelsalat

Zubereitung: Zwiebel und Kartoffeln schälen und fein würfeln. Öl in einen Topf erhitzen, Zwiebel darin glasig dünsten. Kartoffeln zufügen und kurz mitdünsten und mit der Brühe ablöschen. Sauerkraut zugeben und bei schwacher Hitze 10 Minuten köcheln lassen. Von der Paprika die weißen Häutchen und Kerne entfernen und dann in Stücke schneiden. Die vegetarischen Würstchen in Scheiben schneiden. Die Paprika und die Wurstscheiben in die Suppe geben und weitere 5 Minuten köcheln. Mit Salzsole abschmecken.

Abendessen: Brötchen mit selbstgemachter Lebenswurst

Zubereitung: Heute Abend wird es Zeit, die selbstgemachte Lebenswurst von Tag 22 aufzuessen. Daher benötigen Sie heute kaum Zeit, Ihr Abendessen zuzubereiten.

27. Tag, 4. Woche

Einkaufsliste für einen Tag
Für das **Frühstück:**
Powerdrink, Ananas:
¼ L Sojamilch
1 Ananas
Für das **Mittagessen:**
Vegane Pizza:
Zutaten für den Teig:
(Tipp: Wenn sie die Menge verdoppeln, können Sie eine Hälfte einfrieren)
250 g Dinkelvollkornmehl
1/2 Hefe
Ca. 1/8 L Wasser
Etwas Salzsole
Zutaten für die Tomatensoße:
3 Tomaten
½ Dose Tomatenmark
1 Zwiebel
1 Knoblauchzehe
½ Tl gekörnte Gemüsebrühe
Kräuter nach Geschmack
Zutaten für den Belag:
Alles, was Ihnen an Gemüse schmeckt, oder an Resten im Hause ist, z.B.:
1 Paprika
1 Gurke
1Tomate
1 Pckg. Sojacreme
1 Schuss Sojasauce
Für das **Abendessen:**
Mediterraner Salat:
2 Tomaten
Reste der Gurke von der Pizza
1 kleiner Eisbergsalat
1 Pckg. Salatsoße oder eigene Soße
½ Kräuterbaguette

Frühstück: Powerdrink, Ananas

Zubereitung: Geben Sie die Sojamilch in ein hohes Gefäß und drei Scheiben von Strunk und Schale befreite und in Stücke geschnittene Ananas dazu. Nun pürieren Sie alles und fertig ist ein schnelles Frühstück mit viel Power.

Mittagessen: Vegane Pizza

Zubereitung: Geben Sie das Mehl in eine Schüssel und bröckeln Sie die Hefe hinein. Dann fügen Sie ca. 1 EL der Salzsole, und soviel Wasser hinzu, dass das Mehl keine trockenen Stellen mehr aufweist. Lassen Sie den Teig zugedeckt ca. eine halbe Stunde lang gehen.

Bereiten Sie inzwischen die Tomatensoße indem Sie die Tomaten 3 Min. überbrühen, häuten und klein schneiden. Die Zwiebel und eine Knoblauchzehe werden geschält und gewürfelt und dann in heißem Öl glasig gedünstet. Fügen Sie die Tomaten und die gekörnte Gemüsebrühe hinzu und lassen Sie das Ganze 15 Min. köcheln. Pürieren Sie die Masse und geben dann das Tomatenmark (1/2 kleine Dose) hinzu und rühren noch einmal kräftig durch. Wenn Sie gerne Kräuter mögen, dann fügen Sie sie nun gehackt hinzu.

Ist der Teig aufgegangen, dann bestäuben Sie ihn mit Mehl und kneten ihn noch einmal durch. Formen Sie ihn zu dem gewünschten Backwerk (runde oder eckige Pizza) und stechen Sie ein paar mal mit der Gabel hinein. Verteilen Sie nun die Tomatensoße darauf. Belegen Sie die Pizza nun mit dem geputzten und geschnittenen Gemüse Ihrer Wahl. Nehmen Sie ca. 100 g der Sojacreme und würzen Sie sie vorsichtig mit der Sojasauce. Verteilen Sie die Masse so, wie Sie es mit dem Käse machen würden. Den Ofen auf 190 Grad aufheizen, die Pizza hineine und nach ca. 10 Minuten wieder herausholen. Fertig ist eine Pizza, der besonderen Art.

Abendessen: Mediterraner Salat

Zubereitung: Das Kräuterbaguette backen. Inzwischen den Salat waschen und zerpflücken. Gurke und Tomaten klein schneiden. Salatsoße bereiten und die Zutaten in die Schüssel geben und mischen.

Tipp: Schönheitsmaske

Da wir ja nichts verschwenden wollen und Sie die restliche Ananas vielleicht nicht zwischendurch essen wollen, hier ein kleiner Schönheitstipp:

Folgende Zutaten werden benötigt:

1 Ei
2 Scheiben Ananas
1 Avocado
¼ L Sojamilch

Zubereitung: Holen Sie das Fleisch mit einem Löffel aus der Avocado und geben Sie es in ein hohes Gefäß. Fügen Sie die restlichen Zutaten hinzu und pürieren die ganze Masse. Diese streichen Sie schön dick auf alle Stellen Ihres Gesichtes, die straffer aussehen sollen und lassen sie eine halbe Stunde darauf trocknen. Am besten während des Entsäuerungsbades.

Diese Maske glättet Falten für das abendliche Rendezvous und über längere Zeit angewendet (mind. zwei Wochen) bleiben die Falten auch glatter. Diese Maske stammt aus einem Buch von Barbara Simonsohn und heißt *Die sagenhafte Heilkraft der Ananas.* Wer seine Blutbahnen von „Kalk“ befreien will, sollte über mehrere Wochen jeden Tag Ananas essen oder mit Ananasdirektsaft eine Kur durchführen.

28. Tag, 4. Woche

Einkaufsliste für einen Tag
Für das **Frühstück:**
Haferflocken besonderer Art:
1 Teller voll Haferflocken
Sojamilch
Kakao
Für das **Mittagessen:**
Lauchsuppe:
1 Stange Lauch
1 EL Margarine
Reste der Sojacreme vom Vortag
2 EL Dinkelvollkornmehl
Etwas Sojasauce
Die andere Hälfte des Kräuterbagettes vom Vortag
Für das **Abendessen:**
Verrückter Salat:
1 kleine Zucchini
2 Tomaten
1 Stange Lauch
1 Apfel
1 Vollkornbrötchen
1 Salatsoße

Frühstück: Haferflocken besonderer Art

Zubereitung: Streuen Sie über Ihre Haferflocken einen EL Kakao und geben die Milch darüber. Wer Kaba mag, wird dieses Frühstück lieben.

Mittagessen: Lauchsuppe

Zubereitung: Den Lauch in Ringe schneiden und ca. 20 Min. dämpfen. Die Brühe auffangen. Das Kräuterbaguette backen. Inzwischen mit der Margarine und dem Mehl eine Mehlschwitze bereiten, mit der Brühe ablöschen und auch den Lauch hinein geben. Die Sojacreme (ca. 2 EL) darunter ziehen und mit Salzsole und Sojasauce vorsichtig (!) abschmecken.

Abendessen: Salat

Zubereitung: Das Gemüse und den Apfel waschen und klein schneiden. Salatsoße bereiten und die Zutaten darin mischen.

17. Ernährungsvorschlag für drei Tage nach Art der Regenbogenernährung

Will man sich (zumindest zeitweise) an die Regenbogenernährung halten, so wählt man seine Nahrung nach der äußeren Farbe des Lebensmittels. Da es hierbei um die spirituelle Entwicklung (also Schwingungserhöhung) geht, ist diese Ernährung völlig frei von tierischen Eiweißen (erzeugt niedrige Schwingung) und besteht größtenteils aus Rohkost.
Wie ich weiter oben schon ausführte, nimmt man diejenige Nahrung zu sich, die der Farbe des entsprechenden Chakras zugeordnet ist und zwar beginnend am Morgen mit dem Wurzelchakra. Als Anhaltspunkt hier eine Aufstellung welche Farbe zu welchem Chakra gehört, damit Sie Ihre Nahrung später dann selbst zusammenstellen können.

Chakra	**Aktivierungsfarbe**	**Platzierung**
Wurzelchakra	Rot bis erdbraun	Am Ende der Wirbelsäule
Sakralchakra/Sexualchakra	Orange	Unterhalb des Nabels, auf der Höhe der Sexualorgane
Solarplexuschakra	goldgelb	Oberhalb des Nabels, auf der Höhe des Solarplexus
Herzchakra	Grün (nicht rot!)	Auf der Höhe des Herzens jedoch in Brustmitte
Halschakra	Blau	Kehlkopf
Stirnchakra	Indigo, purpur	Zwischen den Augenbrauen
Kronenchakra	Weiß	Am Ort der Fontanelle, in der Schädelmitte

Viele Früchte bekommt man bei uns auch im Winter, obwohl es Sommerobst ist, und wenn nicht frisch, dann gefroren. Daher kann man quer durch die Jahreszeiten nach der Regenbogenernährung leben.
Je nach Essgewohnheiten oder –notwendigkeiten kann man die Nahrung der verschiedenen Chakren über den ganzen Tag verteilt essen oder mehrere in einer Mahlzeit. Dabei immer die Passenden zusammenzufinden ist gar nicht so leicht. Dr. Gabriel Coussens empfiehlt morgens die Farben rot, orange und goldgelb zusammenzustellen, mittags die goldgelben, grünen und blauen und abends blaue. indigofarbene, purpurne und weiße. Wie man das für sich persönlich angeht, muss man wohl einfach ausprobieren. Hier nun ein paar Vorschläge wie so eine Ernährung aussehen könnte:

1. Tag

Einkaufsliste für einen Tag
Für das **Frühstück:**
Rote Pflaumen
Orangen
Für das **Mittagessen:**
Dinkelbrot mit Avocadoaufstrich:
1 Avocado
Samen zum Ziehen von Sprossen oder Einweichen (am Vortag einweichen)
Kräutersalz
Frische oder gefrorene Kräuter
Blaue Trauben
Dinkelbrot
Für das **Abendessen:**
Rote-Beete-Salat mit Nüssen
1 große Rote Beete
Salatkrönung, Küchenkräuter von Knorr
3 EL Olivenöl
Haselnüsse oder Walnüsse oder Mandeln oder Pistazien oder Paranüsse

Frühstück: Obst

Essen Sie von den roten Pflaumen so viele sie wollen. Sie gibt es ab Februar bis durchgehend in den Herbst im Supermarkt. Zum zweiten Frühstück können Sie Orangen essen oder den Saft auspressen und trinken.

Mittagessen: Brot mit Avocadoaufstrich

Hier passt die Avocadocreme mit blauen Trauben, die ich schon weiter oben beschrieben habe.

Hier noch einmal die **Zubereitung:** Teilen Sie die Avocado in zwei Hälften, entfernen Sie den Kern. Dann holen Sie mit einem Löffel das Fruchtfleisch beider Hälften heraus und zerdrücken es in einer kleinen Schüssel mit einer Gabel. Ein kleiner Schuss aus der Alexandersalzsohle, etwas Kräutersalz und ein Drittel der gefrorenen Kräutermischung geben gut durchgemischt einen leckeren Gemüseaufstrich. Um nun die goldene Farbe noch mit einzubringen streuen Sie über die Creme eingeweichte Samen wie den von Sojabohnen, Sesamsaat, Sonnenblumenkerne usw.

Dann ist auch die goldgelbe Farbe abgedeckt. Das Ganze auf das Dinkelbrot schmieren und eventuell garnieren.

Dazu passen hervorragend die blauen Trauben, so hat man mit diesem Mittagessen die Farben, goldgelb, grün und blau abgedeckt.

Abendessen: Rote-Beete-Salat mit Nüssen

Als purpurnes Abendessen passt der Rote-Beete-Salat, der ebenfalls weiter oben schon mal vorkommt, nur essen wir kein Brot dazu sondern Nüsse, denn diese zählen zu den goldweißen Lebensmitteln.

Hier noch einmal die **Zubereitung:** Schälen Sie die rohe rote Beete am Besten mit Einweghandschuhen, da die rote Farbe nicht so schnell wieder von den Fingern ab geht. Reiben Sie sie dann mit der Küchenmaschine zu Brei. Bereiten Sie die Soße nach Packungsangabe zu, indem Sie den Packungsinhalt mit 3 EL Öl und 3 EL Wasser mischen. Geben Sie Kräuter und eingeweichten Samen und Keimlinge dazu. Die rote Beete untermischen.

2. Tag

Einkaufsliste für einen Tag
Für das **Frühstück:**
Erdbeeren
Für das **Mittagessen:**
Karottensalat:
3 große Karotten
Samen zum Ziehen von Sprossen oder Einweichen (am Vortag einweichen)
1 Pckg. Salatsoße
Kräuter nach Geschmack, z.B. die 8-Kräuterpackung
Für das **Abendessen:**
1 große rote Zwiebel
Dinkelbrot
Datteln

Frühstück: Obst
Essen Sie so viele Erdbeeren wie Sie möchten. Als Obstsalat oder pur. Eine Variante zur Abwechslung: Pürieren Sie die Erdbeeren und mischen Sie sie unter ein Glas Sojamilch, dann haben Sie einen erfrischenden Morgendrink. Wenn Sie möchten auch mit etwas Honig gesüßt.
Mittagessen: Karottensalat
Zubereitung: Die Salatsoße nach Packungsangabe (oder eigene Soße) zubereiten. Die Karotten mit der Küchenmaschine klein reiben und in die Soße geben. Die Samen und ein Viertel der Kräuterpackung ebenfalls und gut durchmischen.

Abendessen: Dinkelbrot
Zubereitung: Die Zwiebel schälen und sehr klein scheiden. Den Kern der Dattel entfernen und ebenfalls klein schneiden. Alles gut durchmischen und auf das Brot streuen.

3. Tag

Einkaufsliste für einen Tag
Für das **Frühstück:**
Rotes Obst
¼ L Sojamilch
Für das **Mittagessen:**
Kürbissuppe:
1 kleiner Kürbis
1 Kartoffel
1 Zwiebel
1/4 l Gemüsebrühe
50 ml Sojamilch
Eine Handvoll eingeweichter Alfalfasamen
¼ Pckg. (8-Kräutermischung)
Für das **Abendessen:**
Rohkostsalat:
1/4 Kopf Rotkohl
1 kleiner weißer Kürbis
1 Pckg. Salatsoße
3 EL Olivenöl

Frühstück: Powerdrink in rot
Geben Sie die Sojamilch in ein hohes Gefäß und das Obst in Stücken geschnitten dazu. Nun pürieren Sie es und fertig ist ein schnelles Frühstück mit viel Power.

Mittagessen: Kürbissuppe
Zubereitung: Hier ist die Kürbissuppe, die ich schon weiter oben vorgestellt habe, doch ein wenig nach den Farben abgewandelt. Das Kürbissfleisch würfeln. Die Zwiebel und die Kartoffel werden ebenfalls in kleine Stücke geschnitten und in Olivenöl zusammen mit dem Kürbisfleisch in einem Wok oder eine Pfanne kurz gedünstet. Gießen Sie nun die Brühe auf und lassen Sie das Ganze 20 Minuten köcheln. Nun gießen Sie die Sojamilch noch dazu und pürieren Sie die Suppe. Würzen Sie sie mit etwas Salzsole. Lassen Sie sie nun auf Esstemperatur abkühlen und streuen den Samen und die Kräuter hinein. Auf diese Weise werden die Vitalstoffe darin nicht abgetötet.

Abendessen: Rohkostsalat
Zubereitung: Raspeln Sie den Rotkohl mit der Küchenreibe in kleine Stücke. Schneiden Sie den Kürbis in kleine Stücke. Beim weißen Kürbis können sie die Schale auch mitessen. Geben die Salatkräutermischung mit 3 EL Wasser und 3 EL Olivenöl in eine Schüssel und verrühren das Ganze. Die Rotkohlraspeln hinein geben, durchmischen und fertig ist ein leckerer Rohkostsalat, der Die Farben des Abends (purpur und weiß) verbindet.

Ich hoffe, diese Beispiele der Regenbogenernährung haben Ihnen gezeigt wie das System gedacht ist. Wollen sie ein spezielles Chakra „bearbeiten“, so können Sie die farbentsprechende Nahrung verstärkt zu sich nehmen.

Anhang:

Tabelle zur Auflistung Ihres momentanen Zustandes:

Beschwerden/Krankheiten
Blähungen
Durchfall
Völlegefühl
Jucken der Haut (bes. Kopf)
Altersfleck re. Schläfe
Blutschwämmchen
Brüchige Fingernägel
Haarausfall
Jucken der Kopfhaut
leichte Reizbarkeit (bei Christian)
Zahnfleischblut

Tabelle zur Auflistung pH-Wertes:

Datum:	ph-Wert	Datum:	ph-Wert
28.11.09	5,9		

Tabelle zur Auflistung pH-Wertes - Tagesanalyse:

Uhr	0	1	2	3	4	5	6	7	8	9	10	11	12	13	14	15	16	17	18	19	20	21	22	23
-1																								
-2																								
-3																								
-4																								
-5																								
-6																								
+/- 7																								
+8																								
+9																								
+10																								
+11																								
+12																								
+13																								
+14																								
Uhr	0	1	2	3	4	5	6	7	8	9	10	11	12	13	14	15	16	17	18	19	20	21	22	23

Datum:______________ Wann, was gegessen, bzw. getrunken - Notizen:

Gewichtstabelle:

Datum:	Gewicht	Datum:	Gewicht

Literatur

Dahlke, Ruediger, Wege der Reinigung, München 1998
Cousen, Gabriel, Ganzheitliche Ernährung, Freiburg 2002
Kirschker, Barbara in einem Werbeprospekt der Firma SanCoral für ihre Mineralien (ohne weitere Angaben)

---

[1] Cousens, S. 122
[2] Cousens, S. 122
[3] Dahlke, S. 59
[4] Dahlke, S. 131
[5] Cousens, S. 210
[6] Cousens, S. 231
[7] Cousen, S. 225
[8] Cousen, S. 342
[9] Kirschker, Barbara, im offiziellen Prospekt der Firma SanCoral
[10] Cousens, S. 172
[11] Cousens, S. 173